世界五千年
科技故事丛书

卢嘉锡题

世界五千年科技故事丛书

大胆革新的元代医学家

朱丹溪的故事

丛书主编　管成学　赵骥民

编著　万　芳

吉林出版集团 | 吉林科学技术出版社

图书在版编目（CIP）数据

大胆革新的元代医学家：朱丹溪的故事 / 管成学，
赵骥民主编. -- 长春：吉林科学技术出版社，2012.10（2022.1 重印）
ISBN 978-7-5384-6134-3

Ⅰ. ① 大… Ⅱ. ① 管… ② 赵… Ⅲ. ① 朱丹溪（1281～1358）
－生平事迹－通俗读物 Ⅳ. ① K826.2-49

中国版本图书馆CIP数据核字（2012）第156284号

大胆革新的元代医学家：朱丹溪的故事

主　　编	管成学　赵骥民
出 版 人	宛　霞
选题策划	张瑛琳
责任编辑	张胜利
封面设计	新华智品
制　　版	长春美印图文设计有限公司
开　　本	640mm×960mm　1 / 16
字　　数	100千字
印　　张	7.5
版　　次	2012年10月第1版
印　　次	2022年1月第4次印刷

出　　版	吉林出版集团 吉林科学技术出版社
发　　行	吉林科学技术出版社
地　　址	长春市净月区福祉大路 5788 号
邮　　编	130118
发行部电话 / 传真	0431-81629529　81629530　81629531 81629532　81629533　81629534
储运部电话	0431-86059116
编辑部电话	0431-81629518
网　　址	www.jlstp.net
印　　刷	北京一鑫印务有限责任公司

书　　号	ISBN 978-7-5384-6134-3
定　　价	33.00元

序　言

十一届全国人大副委员长、中国科学院前院长、两院院士

路甬祥

放眼21世纪，科学技术将以无法想象的速度迅猛发展，知识经济将全面崛起，国际竞争与合作将出现前所未有的激烈和广泛局面。在严峻的挑战面前，中华民族靠什么屹立于世界民族之林？靠人才，靠德、智、体、能、美全面发展的一代新人。今天的中小学生届时将要肩负起民族强盛的历史使命。为此，我们的知识界、出版界都应责无旁贷地多为他们提供丰富的精神养料。现在，一套大型的向广大青少年传播世界科学技术史知识的科普读物《世

界五千年科技故事丛书》出版面世了。

由中国科学院自然科学研究所、清华大学科技史暨古文献研究所、中国中医研究院医史文献研究所和温州师范学院、吉林省科普作家协会的同志们共同撰写的这套丛书，以世界五千年科学技术史为经，以各时代杰出的科技精英的科技创新活动作纬，勾画了世界科技发展的生动图景。作者着力于科学性与可读性相结合，思想性与趣味性相结合，历史性与时代性相结合，通过故事来讲述科学发现的真实历史条件和科学工作的艰苦性。本书中介绍了科学家们独立思考、敢于怀疑、勇于创新、百折不挠、求真务实的科学精神和他们在工作生活中宝贵的协作、友爱、宽容的人文精神。使青少年读者从科学家的故事中感受科学大师们的智慧、科学的思维方法和实验方法，受到有益的思想启迪。从有关人类重大科技活动的故事中，引起对人类社会发展重大问题的密切关注，全面地理解科学，树立正确的科学观，在知识经济时代理智地对待科学、对待社会、对待人生。阅读这套丛书是对课本的很好补充，是进行素质教育的理想读物。

读史使人明智。在历史的长河中，中华民族曾经创造了灿烂的科技文明，明代以前我国的科技一直处于世界领先地位，产生过张衡、张仲景、祖冲之、僧一行、沈括、郭守敬、李时珍、徐光启、宋应星这样一批具有世界影响的科学家，而在近现代，中国具有世界级影响的科学家并不多，与我们这个有着13亿人口的泱泱大国并不相称，与世界先进科技水平相比较，在总体上我国的科技水平还存在着较大差距。当今世界各国都把科学技术视为推动社会发展的巨大动力，把培养科技创新人才当做提高创新能力的战略方针。我国也不失时机地确立了科技兴国战略，确立了全面实施素质教育，提高全民素质，培养适应21世纪需要的创新人才的战略决策。党的十六大又提出要形成全民学习、终身学习的学习型社会，形成比较完善的科技和文化创新体系。要全面建设小康社会，加快推进社会主义现代化建设，我们需要一代具有创新精神的人才，需要更多更伟大的科学家和工程技术人才。我真诚地希望这套丛书能激发青少年爱祖国、爱科学的热情，树立起献身科技事业的信念，努力拼搏，勇攀高峰，争当新世纪的优秀科技创新人才。

目 录

幼为声律之赋

　　元朝。离金华府义乌县城南22.5千米有一个双林乡，双林乡有座蜀山，蜀山溪流环绕，山清水秀，很多村庄依傍着蜀山聚居。这块地方早先人们称它蒲墟，村里朱姓、王姓人家为多，两个家族于此世代繁衍，常常结为亲家，待到娶亲的日子，村里村外热闹非凡，大队送亲车马披着鲜红的服饰沿着溪岸边的道路浩浩荡荡地行进，溪水岸边都映照得变红了。乡亲们眼见此景，甚是欢悦。觉得它象征着家族的兴盛，皆以此为荣，渐渐地那条溪岸也因此更名赤岸。

元世祖至元十八年（1281）十一月二十八日，朱丹溪（字彦修）诞生在金华府义乌县赤岸镇的望族朱姓人家。相传朱家祖上出于汉朝平陵，自汉代始在各朝历任官职，官至太守、刺史、将军等。朱丹溪的祖父名环，为乡贡进士。

小时候的朱丹溪受书香门第熏陶，酷爱书籍。他天资聪颖，又好学习。其祖父闲暇之余教他识文认字。10岁时就认识了很多字，能读大段大段的文章，并能理解书中之意。

古时候读书习惯朗读记诵，朱丹溪一天可背诵上千字的文章。一日他在家手捧一本书默默地念着，读着读着他心里一动：这些书都是古人一字一句写下来的，我现在读书不少了，何不自己作一篇文章试试。想到此，他赶忙跑去把这个想法告诉母亲。母亲听了他的话，爱抚地摸着朱丹溪的头，说道："吾儿长大了，有自己的想法，太好了。"

她接着问朱丹溪："你知道《咏鹅》这首诗

吗？"

"知道，知道。我早背得滚瓜烂熟了。"朱丹溪脱口大声背诵：

"鹅，鹅，鹅，

曲项向天歌。

白毛浮绿水，

红掌拨清波。"

母亲又说："我再考考你，《咏鹅》的作者是谁？系何地之人？什么时代的作品？"

一连串的提问，把朱丹溪问得直眨眼睛，他一边动脑筋思索，一边回答母亲的提问：

"《咏鹅》是唐朝的著名诗作，它的作者是骆宾王，是……"骆宾王的里籍丹溪一时答不上来。

母亲告诉他："骆宾王就是咱们婺州义乌人呀！他作《咏鹅》时才7岁。你现在已10岁了。古人说熟读唐诗三百首，不会作来也会吟。你平日吟诵古人的诗赋一首一首，甚是流利，我相信你能写出自己的作品来，母亲为你备好笔墨。"说罢，母亲转身找来纸笔。

一切准备停当，朱丹溪坐在书桌前，提笔饱蘸墨汁，在宣纸上工工整整地写起来。不一会儿工夫，一篇像模像样的赋文跃然纸上。这时门外响起脚步声，祖父从外面回来了。

"是谁在书房用功啊？"

随着说话声，祖父已迈进门槛。朱丹溪写完最后一个字，放下笔，拿起自己刚写好的赋文送到祖父跟前，祖父见孙儿在短时间内居然自己写出一篇韵律整齐的赋文，感到由衷的欣慰。他连连赞许："嗯，不错，不错。小丹溪，倘若你能如此勤学勤练，长大后定会有出息的。我希望你将来读书有成，建功立业。"

丹溪听了祖父的夸奖，心里非常高兴。同时也暗暗下决心。以后一定要多读书，多练习，勤写作，增长见识，不辜负祖父的期望，长大后成为一名于世于民有所作为的人。

朱丹溪读的书越来越多，常常缠着祖父问这问那，祖父事情繁忙，无暇顾及他。为了让他在学业上取得更大的长进，家里专门给他在乡里请了一位先生，从此朱丹溪开始跟随乡里的老师学习四书五经。

四书是《大学》、《中庸》、《论语》、《孟子》的合称。五经是《诗经》、《尚书》、《礼记》、《易经》、《春秋》的合称。四书五经是儒家的经典书籍。古时候通过科举考试才能谋职当官，而科举考试的命名依据就是上面所说的四书五经。故想中举的人无不以四书五经为自己学习的主要内容。旧时不少人崇尚读书、中举、做官这样一条仕途之路，认为由此则光宗耀祖，本人亦成为高于平民百姓的上等人。朱家的长辈对丹溪的期望也是如此。所以朱丹溪从小学习四书五经，在儒学方面打下了很深的功底。

"有恩而严"的家教

朱丹溪15岁那年，父亲朱元病故了。全家人悲痛不已。当时正值元贞元乙未年（1295），南宋灭亡改称为元，朝代更换，时局混乱，赤岸镇四邻旁县强盗杂起，焚烧房舍，剽偷抢劫，时有发生，百姓生计艰难。母亲凭着坚强的毅力和中国妇女吃苦耐劳的传统美德，一人挑起侍奉老人、抚育儿女的重担。

朱丹溪的母亲戚氏，金华人，是一位慈爱贤善的女人。平日里操持家务，繁琐劳累，但她待老人从来恭恭敬敬，端茶送水，细心照料，毫无倦容。说起戚氏的待物处事，族亲邻里都知道，谁家有了难事，戚氏总会热心相助。朱丹溪刚记事起就经历了几件感人至深的事。

那是一个寒冷的冬天，天下着大雪，密集的雪花随着呼啸的北风飞舞。朱丹溪在家里穿着棉袍仍觉得寒气逼人，母亲给他一个小火笼抱在手里驱寒，叮嘱他："天太冷了，好好在家烤火，别出门冻着。"说完冒着风雪出去了。

朱丹溪从大人们嘴里听说王家儿媳要生孩子，可他家穷得连锅都揭不开，而且马上又要添张嘴吃喝，为此一家人正发愁不知如何是好。母亲是个热心肠的人，顾不得大雪天去看望他们。

一个时辰过去了，母亲突然急急忙忙跑回家来。她一边打开衣柜翻找衣服，一边告诉父亲，王家儿媳已生下一女孩，因家里实在太困难，养不活这孩子，想把婴儿溺死。母亲劝说半天，好不容易才打消他们这个念头。说话的功夫母亲收拾出一大包丹溪兄弟婴儿时期穿过的衣服，又带上一些米面，再次消失在风雪之中……

百天之后，幸运留下的婴儿被父母抱着，一家三人特意上门致礼道谢，母亲看着婴儿舒适地躺在妈妈怀抱里，禁不住快慰地笑了。

朱家一位亲戚的女儿要出嫁，由于家贫备不起嫁妆，做父母的心里很为难，又不好意思向外人开口求借，此事传至戚氏耳朵里，她把自己没舍得做衣服的几块料子亲自送到即将做新娘的女孩手里，女孩接过衣料，脸上绽开花一般的笑容……

戚氏夫人乐善好施，众人的称赞不绝于耳。她对孩子们的言传身教，更是有口皆碑。

父亲朱元去世之际，丹溪三兄弟均尚年幼，经济来源陡然减少，家里的生活一下子拮据起来。然而即便如此，戚夫人对孩子们的教育也没有丝毫放松，依然是有恩而严。

一次，丹溪的小弟弟在别人家玩耍，趁人不注意从人家里拿走一个鸡蛋揣进自己兜里。回家后弟弟将此事的经过绘声绘色地讲述丹溪听，他为自己的举动未被人发觉颇有些得意，认为这种游戏挺有意思。没想到正在他忘乎所以的时候，听见母亲喊他的名字，他被唤到母亲跟前。

母亲阴沉着脸问："适才你与你哥谈论什么呢？瞧你那高兴劲儿，有何新鲜事，说出来我听听。"

弟弟怯生生地抬起头，发现母亲表情严肃，不知所措地支吾着："我……我……拿了……人家……一个鸡蛋。"他明白，跟哥哥说的话母亲已听见了。

母亲厉声斥责："窃取他人之物，那是不义之财，会受到苍天的惩罚。你做出如此不道义之事，是对朱家世代清白的羞辱。"母亲越来越生气，操起身边放着的竹棒照着弟弟揍去。

母亲动了大怒，弟弟知道犯下了不可饶恕的大错，即刻把鸡蛋送了回去。打这以后，朱家兄弟懂事多了。他们为人处世正直，不贪财图利。尤其是为日后朱丹溪血气方刚，豪爽侠义，好为平民打抱不平的性格打下了深刻的烙印。

为民请命

有一年，因包银之令，朱丹溪为民请命。

包银是元代对汉民征收的一种赋税。根据《元史·食货志》的记载，包银税制系从尧宗乙卯年（1255）开始实施，此后这种税制在江南一带不断推广。

我们知道，元朝时我国的农业和商业远远不如现在这么发达和完善。那时是很单纯的小农经济，农村里每家每户自成体系。男人耕田种庄稼，收获的粮食养家糊口；女人纺棉花织布，缝制衣裳，遮体御寒。衣食往往全靠家人自给自足。农民一年四季辛勤劳作，男耕女织，完全依赖一双手维持生计。遇上风调雨顺的好年景，地里的物产丰收了，日子就会过得宽松一些。年景不好，歉收了。日子就紧巴巴的。他们与城镇的商人不一样，虽然家里有时会存储一些粮食什么的，但手里没有货币，也就是说没有多少现金。而包银制都要每户上缴银钱。

那年秋天，庄稼又到了收割的季节，农民们正在地里劳动，太阳虽不及夏天的日头那么灼热，可干活的人光着膀子还是直流汗。官府派来的当差到了乡里，一边摇着扇子，一边冲着大伙高声宣布：

"大家听着，今年的包银税又下来了。每家每户都必须交，限在九月底以前，凡不交者送衙门法办。"

人们望着趾高气扬的官吏，心里充满了怨气。本来生活就颇为拮据，哪有钱上缴官府。可面对官吏，谁也不敢公开说声："不行。"因为他代表州县官府，百姓得罪不起。若违抗的话，弄不好得吃官司。大伙强压心头的不平，低头只顾干自己的活，不去理睬那个传令的听差。听差见无人应承他，明白自己不受欢迎，只好扭脸上别处去吆喝了。

听差走后，人们议论开了。

一青年抬起胳膊擦去脸上的汗水，忍不住发牢骚："咱们天天辛辛苦苦在田里干活，打下的粮食仅够自己吃，上哪儿筹集那么多税款？"

旁边的一位老者长叹一声，坐到田埂上，抽起了闷烟，一会儿他若有所思地言道："今年是至元二十八年，算起来咱们的银税交了不少年份了，照此下去，熬到什么时候是个头啊，得想个法子与官府交涉交涉。"

村里多数是老实巴交的种田汉，没几人能识文断字，有胆量敢于站出来与官府对话的人就更难寻找。人们发牢骚的同时，也希望有一位明事达理的人代表他们向官府说几句公道话。

朱丹溪自父亲病故后一直与普通的农民生

活在一起，与他们感受同样的甘苦。家乡一里地之间银税摊派了几十户，而这几十户中仅有两家外来户略微富裕一点。朱丹溪对这些情况了如指掌，深深地知道，银税是压在乡亲们头上的沉重包袱。以往耿直豪爽的他，此时更觉得应该挺身出来，和大家一起抵制官税。

他上门去找村里几位颇受尊敬的老人，与他们共同商计如何对付官府的银税。老人们认为，如果硬抗着不交税，官府势必派兵下来抓人蹲监狱，那样百姓就会遭殃落难。但从目前状况来看，大伙无论如何也凑不齐那一笔笔款项。思来想去，最后决定派一名代表去与官府对话，争取以本地的物产来充抵税钱。朱丹溪当即表示他愿为民去官府请愿。

在官府堂前，郡守召见了他。蛮横地威胁道："抗税违法，是要坐牢蹲大狱的，你难道不怕受到制裁？"

朱丹溪坦然一笑，冷眼相对："郡守大人，您高居官职，享受俸禄富贵，自然格外吝惜自己的脑袋。而百姓劳碌一年三百六十五天，所得仅能勉强糊口。如今官府下令上缴包银之税，地里不会生长银钱，庄户人家如何拿得出这一大笔钱款给您呢？百姓已经无路可走。本人此次前来，是代表大家陈述意愿，用我们本地的物产来充抵税钱。"

朱丹溪面对郡守大人，不亢不卑，据理陈辞。村民们看了无不佩服他的胆识与智慧，在心里为他叫好。

郡守见朱丹溪无视他的威严，竟然在大众面前义正词严地与他顶撞，觉得大丢脸面，心里甚感恼火。但朱丹溪的话句句不失情理，却又无言相驳，遂自寻台阶，搪塞了事。

求学东阳

　　浙江金华东阳九华山有一座颇有名气的学堂，讲学的先生是南宋著名理学家朱熹的四传弟子许谦。

　　朱熹（1130—1200）生于福建省的延平，祖籍徽州婺源，是南宋时期最大的理学家。他学识相当渊博，注解阐释了儒家经典《论语》、《孟子》、《大学》、《中庸》。所做的《大学》、《中庸》章句和《论语》、《孟子》集注以及《太极图说解》、《通书解》等集中反映了他的理学思想观点。朱熹发展了二程（程颢、程颐）关于理气关系的学说，集理学之大成，建立了一个完整的客观唯心主义的理学体系。他的理学在明清两代被提到儒学的正宗地位。他博览和精密分析的学风对后世学者也很有影响。

理学，亦称"道学"，实际上是宋明时期儒家的哲学思想。以阐释义理，兼谈性命为主。对于物质和精神二者的关系，朱嘉认为："理在先，气在后，"有理便有气，但理是本。强调"天理"和"人欲"是对立的，要求人们放弃"私欲"，服从"天理"。

朱熹从事教育50余年，追随从游的学生很多，其婿黄榦为他的初传弟子，何基为再传弟子，接着三传于王柏，四传于金履祥，许谦就是金履祥的学生。

许谦，字益子，晚号白云山人，卒后谥文懿。也是一位终日以书为伴的儒学大家，史载他居40年不出里间，闭门专心致志地做学问。对于儒学无所不知，尤其是得老师金履祥的嫡传，于程朱理学甚为精通。公卿仰仗其学问宏深，多次举荐他去朝廷做官，但他置名利地位于脑后，坚辞不就，至终未任官职。晚年致力于办学堂，讲授理学。由于许氏学有渊源，造诣非常人可比，加之为人豪迈，气节超然不凡，诲人至诚谆悉，从学之士多达数百人。他的学生近至荆、扬、吴、越（浙江、江苏、湖北），远达幽、冀、齐、鲁（河南、河北、山东）等地，皆慕名不惜长途跋涉，前来就学。当时四方学士，以不能在许谦门下受学为憾。社会上的名流绅士若路经九华山学堂，必定去拜谒许谦，向他请教典故、礼仪、政事等。受到许谦面授学问者无不叹服他的杰出才学。许谦一生以传授学问为己任，诲人知识是他日常生活的重要内容，他曾说："将我所学的知识，通过教育，传播给那些求知欲望迫切的莘莘学子，使他们成为满腹经纶的仁人贤士，这是一件多么有意义的事情啊。"

朱丹溪在乡梓闻得许先生之名望，认为大丈夫惟侠义是尚，不免有些狭隘，但求学问道，要成就大事业，名师指点不可缺。于是收拾行装，前往东阳，师事许公。

朱丹溪在学堂接触到许多以前未曾闻过其名的书籍，读到不少新的理论知识。比如朱熹的性命、道德学说，他由开始的新奇，继而逐步领会，随之融入他自己的思想，并自然流露在他的言谈举止之中。他完全接受了老理学一脉相传下来的学说，在其中徜徉流连，痴迷地求索。

那是仲夏的江南，酷暑难耐。一日傍晚，吃过晚饭，学生们都忍受不了屋里的闷热，纷纷出门去散步、纳凉。朱丹溪仍待在房间里看书。学堂人少清静，此时较往常看书效果好，他很珍惜时光。下午与许先生探讨前贤治学问题，他感到意犹未尽，打算再与老师交谈交谈。

来到老师的住处，见许谦正伏案写作，便轻轻地喊了一声："许先生。"

许谦慢慢抬起头，面色有些苍白。他看是朱丹溪，脸上露出慈祥的笑容，招呼他进屋。

"先生，您要多注意休息，别把身体累垮

了。"朱丹溪关切地说。

许谦体质虚弱，素来有疾，经年未予治愈。

朱丹溪谈论起前人治学问的话题，许谦提了提精神，与他侃侃而谈。

他回顾当年从学于金履祥的情景、金履祥通晓天文、地形、礼乐、田乘、兵谋、阴阳、律历诸学。撰著《通鉴前编》等书，补充了司马光《资治通鉴》的不足。此书对后人产生重要影响。金履祥曾启发许谦："烹饪食物，讲究调和五味，添加的醋或酱不一样，吃起来味道酸咸肯定不同。做学问也是这个道理，关键在于以古人的思想理论为基础，有感而发，形成自己的独特见解。"

许谦又语重心长地对朱丹溪说："我们治学应以古之圣人为准绳。首先须明了圣人的思想旨意，尔后才能仿效行事。圣人的思想旨意均囊括在四书里面，虽然朱子（指朱熹）已将四书进行了注解阐释，但朱氏所注辞简言约而意义广奥深远，学者若不用心笃思，则无法穷理探微。"

在老师的引导下，朱丹溪学业取得长足进步。眼界较之以前开阔多了，他常常为过去沉冥于不谙世理而感到汗颜，由衷地感激老师的教诲，使他一步步脱离了蒙昧。他更加严格要求自己，增添涵养，修炼节行，追求儒学贤士的至高境界。许谦见他才智超群，又肯下深功夫钻研，谈吐颇有收获，格外赏识他。他也因此被世人称作许谦的高第（得意门生）。

弃儒从医

元仁宗延祐元年（1314）朝廷诏行科举。《元史、选举志》载："皇庆三年八月，天下郡县，与其贤者、能者、充赋有司。次年二月，会试京师，中选者朕将亲策焉。"旧时考试制度称作科举。科举最初一级的考试名称为"院试"，及格者可入省（州）学读书，习惯上叫他们"秀才"。其次是"乡试"，在各省省城进行，由皇帝任命的"主考"官主持，乡试及格者称为"举人"。乡试后的第二年京城举行"会试"，只有举人才有资格参加，通过会试的人称为"贡士"。秀才、举人、贡士都不是官，只有经过殿试考中者，由朝廷决定授予官职方才算官。"殿试"是由皇帝在殿廷上对会试合格的贡士进行考试，第一名为"状元"，第二名"榜眼"，第三名"探花"。科举考试每三年一次。考试落第者以后还可东山再起，不限制年龄。

朱丹溪37岁那年参加了乡试，结果落第了。40岁时他再次应试，仍然失利。两次应试落榜，使得他对于中举仕途心灰意冷。这时老师许谦从旁鼓励他学医。

许谦一生闭门读书，体弱多病，时常卧床不起。曾经看过不少医生，均未治愈。他满怀期望地对朱丹溪说："你看我卧病在床很久了，一般的医生都治不了我的病。你天赋好，悟性高，肯不肯致力于医学求得发展呢？我的病就托付于你了。"

朱丹溪想起儿子因患内伤、伯父的督闷病、叔父的鼻衄（鼻出血）、弟弟的腿痛、妻子的积痰症——皆因庸医耽误致死，为此他无不心如刀绞，痛不可追。他又想起母亲。

朱丹溪的母亲由于丈夫亡故，守寡抚育孩子，生活清苦自不必说，精神上的孤寂郁闷也无处排遣，经年累月的操劳使她的身体逐渐损坏，疾病缠身。为所患的脾疼症四处求医，却不见好转，苦不堪言。当时朱丹溪年届30，早已娶妻生子，他出了名的孝顺，母亲被疾病折磨至如此地步，深感作为晚辈没有尽心尽责。于是自己寻求医书钻研起来，试图解除母亲的病痛。他读了中医的经典著作《素问》及其他一些医书。3年后心有所悟，又过2年，他给母亲开的药方见效了。母亲的病愈是他从医道路上成功的第一步。

朱丹溪渐渐认识到，自己虽不能通过仕途服务于朝廷，为黎民百姓谋事造福，但是从医治病，解除患者的痛苦，救亲人挚友以至百姓于危难之中，使他们不至于被病魔夺去生命，不也一样施惠泽民于天下吗？他心胸豁然开朗，遂决意放弃科举，立志以医为业。朱丹溪的从祖父朱叔麒也是当地的医生，为人存心仁慈，一生济世救人，医德高尚，对朱丹溪选择从医之路也不乏影响。朱丹溪后来为民治病，良好的医风在病人中传为美谈，也由此继承而来。不过朱丹溪的医名远远超出从祖父，其美德亦更有发扬光大之处。

朱丹溪焚弃了过去攻读举子业的书籍，重新温习中医经典医籍《素问》。这时候朱丹溪已经40岁了，他矢志医学的信念十分坚定，决心把有生之年全部奉献给它。

《素问》是一部古老的中医著作，它与另一部著作《灵枢》合称为《内经》，被古今中医大夫奉作经典。《素问》主要阐述中医基础理论与临床辨证论治法则。每一位学中医的人都将它列为必修之书。然而由于它成书于历史相当久远的两汉时期，文字古奥，义理隐晦。阅读此书首先必须逾越难度很大的语言关方能懂得文义。《素问》吸收了古人对天文地理、人体生命的认识，要理解领悟书中理论的真谛，融会贯通，并会诸临床实践，不下一番深功夫，难以有所收获。朱丹溪知难而上，以此作为攻克医学难关的第一个目标。他拿出当年在许谦门下求学的毅力和热情，朝夕揣摩，废寝忘食，一字一句地推敲文意医理，遇到疑问百思不解者便暂时搁置，翻阅其他书籍帮助释疑解难，给患者看病亦时时留心，注意总结经验。最后终于摸索出一些门道，对《素问》的理论精髓开始心领神会。

朱丹溪投身医学的初期，家乡有大夫盛行裴宗元、陈师文编著的《太平惠民和剂局方》（简称《和剂局方》）。南宋徽宗时裴宗元任奉议郎宋太医会兼措置药局检阅方书等职，陈师文任尚书库部郎中、提辖措置药局等职。裴宗元任官职前行医，在江浙一带颇有些名气。他们奉皇帝之命将官药局从全国征集来的医方汇编成《和剂局方》，此书被定为官药局的制剂规范用书，也就是说，凡官方医疗单位配方用药均须按照此书所述为原则。后来《和剂局方》经过多次增补，内容日益丰富，并颁行于全国，成为世界最早的国家药局方之一。《和剂局方》按常见病症分类，计14门，载方788首，每方之后除详列主治症和药物外，对于药物炮制和药剂修制法亦有详细说明。它既有配方手册的作用，又有推广成药的用途。书中所载者多为常用有效方剂，采取丸、散剂型，适用、易存，便利群众，当时无论官府或是民间，此书的流传极其广泛。书中的许多药方一直沿用于后代，誉为传世名方。《和剂局方》在历史上发挥了其他方书不可替代的作用。

由于《和剂局方》在社会上流行非常之广，书中的不足之处带来的弊病影响也很大。此书主要是根据病症来检索方药，缺乏理论分析，没有明确的医学理论来指导临床实践，在临床应用过程中易出现片面性和盲目性的错误。且《和剂局方》中还有不少辛香刚燥的方剂。又每每强调多服、常服、乏服。殊不知这些药过量极易产生劫伤阴液而致阴为旺的病症。

南宋至元代，《和剂局方》一书官府以为法，医家师徒代代传授，病者籍此照方抓药，世人形成了应用它的习俗，到了朱丹溪行医的时代，人们的这一观念早已根深蒂固。最初朱丹溪随习俗也惯用《和剂局方》中的药方，但是效果往往不理想，屡用屡败。实践中他体悟到"操古方以治今病，其势不能尽合"，也就是说照书硬搬古人的药方来治疗现在的病症，病症与方药很难丝丝入扣取得疗效。他对《和剂局方》产生了疑问，但在周围却无人能为他指出一条路，解答疑难。朱丹溪很善于独立思考，不是那种轻易被别人的观点所左右的人。他确信自己的想法是有道理的。穷乡僻壤令他感到一种坐井观天的局限，不畏世俗，勇于创新的精神促使产生再次外出他乡寻师求教的冲动。他想天下之大，肯定会有名师高手，只要舍得付出，不怕吃苦，虚心讨教，定会不虚此行。主意已定，他充满了信心。安顿好家里的老小，打点行李，孤身一人第二次走出赤岸镇。

武林逢师

　　朱丹溪背着简单的行囊离开了赤岸镇。一路上走村访镇，借着行医，每到一处便留心打听是否有他所向往的高明医生。虽然为他人治病可以换取微薄的报酬，支付长途旅行的费用，可毕竟远离亲人，生活上存在诸多不便，衣食住行无一定之规，整天颠簸在外，身体劳顿，精神疲乏，历尽了艰辛。

　　过浙江，走吴地，过宛陵，朱丹溪来到了六朝时期的古都——建业。建业是一个古代名称，它实际上就是今天江苏省省会城市南京。当时它是南方最大的商埠，旧时京都的繁华风貌依稀可见。朱丹溪来自乡镇，热闹的街面市景令他目不暇接。他觉得这里的世界比家乡大得多，偌大的省城，稠密的人口，想必寻求名师高人会有个着落。想着想着，精神为之振奋起来，脚下的步子变得轻松加快了，他兴冲冲地向前走去……

　　但是，没过数日，朱丹溪的情绪低落下来。他不断地打听、访问，足迹几乎遍布建业城的各个角落。这里确有不少医生开诊所，坐堂看病，也有颇讲究的药铺，然而都不曾遇到令朱丹溪敬服、医技超群的名医。他失望了，拖着沉重的脚步回到暂住的小客栈。

　　"朱先生。"小客栈店主神态着急地站在门外："吾家小儿下午脑袋烫得吓人，躺在床上昏睡，烦请先生给看看。"

　　朱丹溪一听有病人，二话没说，随店主给患儿看病去了。

　　第二天清晨，朱丹溪起床后整理行装，准备

向店主告辞。建业之行未能完成使命，便要打道回府。谁知还没等他开口说话，店主热情地迎上来，"先生，太谢谢您了，昨夜小儿服下您的汤药，热已退下来了！"朱丹溪嘱咐他还须接着吃药，注意病后调养，说着从怀里掏出银钱，欲与店主结账。

店主摇着手说："不行，不行。您治好了我孩子的病，谢还来不及呢，怎能收您的客房费。"接着他又挽留道："先生，凭您这治病的真本事，建业城寻块地方立足，绝不愁吃喝。何不在此悬壶（古时称行医为悬壶）开业？"

朱丹溪想着心中立下的意愿尚未实现，怎能半途而废？在此贪图清闲，岂不是要耽误寻师求教的大事。

朱丹溪谢绝了店主的好意，踏上征程。

这天，朱丹溪途经武林。

武林是杭州的别名，因杭州城边有一座武林山，故人们以此代指杭州。杭州古又称临安，是南宋时期的首都。早在隋唐时期，由于东南地区经济逐渐开发，它慢慢变为全国经济的重心，又因襟浙江而带运河，系东南交通之枢纽。随着贸易兴盛，又发展成为国内外通商口岸。杭州还是一个风景秀丽的游览胜地。古往今来，赞美杭州西湖山水的佳作名诗流传千百年。临安，亦即武林，亦即杭州，古有"东南第一州"之称。

朱丹溪在武林没有心思游山玩水，忙着寻师讨教之事。他辗转认识了当时的诗人陈芝岩。陈芝岩告诉朱丹溪：京城有一位闻名遐迩的医生罗知悌。医术超出常人一筹。但此人性情倨傲，一般人都拒之门外，不予理睬。

朱丹溪得此消息，心里别提多高兴了。多少个日日夜夜，朝思暮盼，今天终于实现了心愿。因求师心切，他顾不上与陈芝岩话别，就径直奔向罗知悌家。

陈芝岩的话说得一点儿不错，朱丹溪带着满身的风尘赶到罗知悌家门前，诚惶诚恐地禀告了自己的来意和欲拜见老师的急切心情，等来的却是仆人冷冰冰的一句话：主人有要事缠身，不予接待。朱丹溪碰了一鼻子灰。

罗知悌，字子敬（一作敬夫），世称太无先生，杭州人。南宋末理宗时入宫为寺人（太监）。南宋恭帝赵㬎德祐二年（1276），元朝兵马攻破临安，宋皇帝、太后被掳去北方，罗知悌随从以医侍奉，一齐至燕京，这段时间他深得帝、后的宠爱。后来因病宫外就医，由此闭门读书，进而博学多识。不仅知晓词章，擅长书法，对于古代的天文地理等知识也有所研究。罗知悌还在北方师从刘河间的弟子荆山僧人深造医学。

在中医历史漫漫长河之中，金元时期中医学术流派异彩纷呈，学术争鸣繁荣兴盛，促进了中医学大踏步向前发展。这个时期学术成就较大，具有代表性的学术流派有四大家。其代表医家分别是刘河间、张从正、李东垣、朱丹溪。朱丹溪出现在前三者之后。

罗知悌是刘河间的再传弟子，他实际上继承了刘河间的学术思想。此外张从正河南睢州考试（即今睢县、兰考）人，李东垣河北真定（今河北正定）人，二者学术影响主要在北方地区，罗知悌也同时接受了张、李两家的学术思想。

罗知悌的侄儿当时在朝廷任司徒，权势极为显赫，达官公卿对他莫不依从。侄儿借用他的地位上下斡旋，奏请皇上，恩准罗知悌归故里杭州。临行前他对侄儿说：你官居高职，不可贪欲太盛，不然日后必遭弹劾，自食其果。侄儿未遵听规劝，执意滥用职权，搜刮财富，最后终因贪污触犯刑律，被判流放远方而死。

从罗知悌对待侄儿行径的态度可反映出他的品行与其侄非同一类。在杭州罗知悌名声很大，求医者络绎不绝。但罗知悌从不敲诈病人钱财，时常碰上患者看病后无力花钱抓药治病，罗知悌即自掏腰包资助他们。这一点后来对朱丹溪亦产生良好影响。

朱丹溪在罗知悌家门前求师受挫，他没有像别人那样赌气另谋他就，而是正好相反。他认为精诚所至，金石为开。罗知悌之所以不肯见他，是因为他的诚挚尚未被罗先生所感受。他坚定信念，每天守候于罗知悌的家门前，不论天气如何变化，风雨无阻。3个月过去了，朱丹溪一心一意静候老师垂见。

也许受他的真诚所打动，终有一天，家人向罗知悌报告："门外的求见者是朱丹溪。此人仰慕先生，每天坚持在门外候现已3个月，任凭风雨未易初衷。"当时朱丹溪行医已有一定的名声，故家人进言罗知悌："先生身居江南，如若失去与这位同仁交接往来的机会，恐怕旁人背后也会议论您太不近情理。"

罗知悌听了家人的叙述，亦为这位朱丹溪先生的信念动容，于是更衣换袍，修整仪表，以示对他诚挚的敬重。且以隆重的礼节迎接朱丹溪。

罗朱两位一见如故，言谈志趣甚多默契之处。罗知悌喜得医门高徒，朱丹溪如愿随从心仪已久的名师更是欣悦无比。一时间朱丹溪拜师罗知悌的故事在医界传为美谈。人们为他们师徒相遇感到高兴之余，更庆幸融合刘河间、张从正、李东垣三大家学术思想于一身的罗知悌的宝贵医疗经验从此后继有人。

朱丹溪拜罗知悌为师之际，罗年事已高，体力日渐不支，加之朱丹溪已行医数年，功底厚实，故成为罗知悌身边一位离不开的好帮手。每日病人求诊，总是由朱丹溪先行望闻问切四诊。罗知悌躺在病榻上耳听口授：此为何病，属哪种病症类型，治法如何，用某方某药。

中医治病，主要诊断方法包括望闻问切四方面。望诊指用眼观察病人的神态、气色、五官、形体甚至病变的局部（如体表皮肤的疮痈疖肿）等；闻诊指嗅病人身体散发出来的气味，或呕吐物、排泄物的气味；问诊指询问病人既往病史，发病原因，目前的主要症状，已做过什么治疗等；切诊指切脉与拍案查局部体表部位（如腹诊：医生用手按触病人腹部，检查是否存在肿块）等。中医诊断注重脉象，此为它的独特之处。切脉的部位主要在才口，即两手臂近手腕掌面血脉搏动处。中医认为人体发生疾病的时候，体内气血运行失常，而经脉是气血运行的通道，体内的失常变化会通过脉象客观地显现出来。

借助四诊医生可以较全面地感知病人的疾病状况，然后将这些情况结合医学知识综合分析，对病名病症作出判断，这就是中医所说的"四诊合参"。中医临床治病的关键在于"辨证施治"，辨证与施治是两步不可分割的过程。辨证是上述"四诊合参"的结果，即辨出病名病症。辨证为施治提供指征依据。施治指针对不同的症候选择不同方药，从而达到治愈疾病的目的。

朱丹溪跟随罗知悌，师徒二人教学相长，相互配合和谐。罗知悌得知朱丹溪于儒学、医学造诣较深，且虚怀若谷，谦逊好学，遂倾其所能，将毕生积累的超群医术毫无保留地传授给他。朱丹溪带着对《和剂局方》的疑问千里求师，在老师的悉心指教下，朱丹溪如久旱逢甘霖，心头结下的夙疑终于慢慢释然。

朱丹溪终日与老师相随，留心到罗知悌用某药治某病，从某药监制某药，以某药为引经之品，均遵循一定之规，然无一定之方。至于一方之中，或攻补兼用，或先攻后补，或先补后攻。于是悟道：古方治今病，焉能吻合？只有按照前人有关正确的理论原则，根据病情，审因论治，随机应变。掌握不变的规律，来应千变万化的病情。罗知悌教导他说："用古方治今病，就好像拆旧屋盖新房，材料各有不同，不经匠手巧思设计，合理调配，则无法搭建组屋。"老师的话使朱丹溪的思想彻底开了窍。

自此以后，他找来历代医学大家的著作重新学习研究，理论水平上升到更高的层次，进一步认识到治病如治国。历史上记载西汉汉高祖刘邦消灭秦朝暴君，西周周武王诛杀商代昏君之后，并不是仅靠施舍分发财物和约法三章即可以治邦安国、平定天下的。人体发生疾病，正气亏损，如何才能治愈疾病、康复如初呢？通过学习与实践，他确定了如下的原则：阴易乏，阳易亢，攻击宜详审，正气须保护，以《局方》为戒哉。上述原则通俗地解释则为正常人体处于阴阳动态平衡状态。阴阳代表对立矛盾的两个方面，比如气属阳，血属阴，腑属阳，脏属阴；一切功能低下的病症属阴，功能亢奋的病症属阳。阴阳动态平衡失调就发生疾病。阴阳互相矛盾、互相制约的对立统一关系被打破，这时人体之阴容易匮乏，人体之阳由于阴的匮乏而失去制约产生亢奋。治病时采用攻逐部法须详察谨慎，同时不可忽略护卫人体的卫气。《和剂局方》的很多方药性偏香燥辛热容易伤阴，故当戒用。这些主张奠定了日后朱丹溪一系列学术观点的基础。虽然他强调一概戒用《和剂局方》的方药有些偏颇（《和剂局方》中有不少药疗效不错，治用至今），但对当时社会迷恋《和剂局方》香燥方药仍不失为一种进步，起到了纠正时弊的作用。

3年之后，罗知悌病卒。朱丹溪尽全力操办丧事，寄托他对老师的深重情义。葬礼完毕，朱丹溪带着老师传与的一身绝技，满怀信心回到故里。他决心驱散笼罩在家乡医界那股滥用《和剂局方》方药的迷雾，为家乡父老乡亲治病除疾作出贡献。

倒仓治沉疴

朱丹溪回到赤岸，应用所学的本领治疗病人，常常巧发奇中，获得意想不到的效果，令家乡的诸多医生惊诧不已。他们私下里找来朱丹溪开的处方，将其与《和剂局方》比较对照，发现和书上有关内容不相吻合，于是众人开始讪笑嘲讽，存心排挤他在当地行医。认为他这样做违背时局，纯属标新立异，想出风头。

但是病人却不这么认为，谁能看好病他们就找谁。朱丹溪家门前车马往来，病人求诊接连不断，应酬无暇。这时发生了一件事，使家乡的医生对他刮目相看，转变了态度。

事情是这样的：

朱丹溪在东阳九华山学堂的许谦老师一日病重，专程派人传口信请朱丹溪速去诊治。老师的病朱丹溪一直挂念在心，得到消息后，他急如星火般跟着来人赶往东阳。路上简单询问了老师发病的情况。

许谦患病历经10年余，因素来体弱，消化不好，饮食积滞，日久化作痰疾，酿成脾疼。后来又屡次触冒风雪，感寒受冻，腿骨作痛。医生认为他伤于风寒，用的都是丁香、附子、肉桂、干姜一类辛燥温热药。温灸腿骨的艾条（中药艾叶炮制后做成条状，用时以火点燃熏灼病变局部穴位）也数以万计。每番治疗后症状似乎缓解了，然而下次再发作时，以前的症状还是重现，且更为严重，反反复复，屡治屡犯，一直没有断除病根。数日前许谦外出归来，不巧遇上大风雪天，乘船回家后就一病不起。整日不思茶饭，躺着不能坐起，勉强扶起来也不能站立，更无法开步行走。两胯不得开合，疼痛钻心，连说话的气力都没有。此外，脾疼的旧病也时常发作。二者相兼，腿疼比脾疼稍轻，脾疼重时腿疼略微。

朱丹溪来到东阳，直奔许谦家里。师母在门外迎候他，朱丹溪进屋后刚在椅子上落座，发觉还有几位老先生在此，似曾相识。他们是东阳的几位老医生，见朱丹溪来了，便站起身告辞离开了。

许谦满脸憔悴，看上去较以前衰老多了，人也消瘦得不成样子。握着老师骨瘦如柴的手，朱丹溪心里感到很不是滋味。俗话说，滴水之恩，当以涌泉相报。老师病势沉重，几乎成为废人。如今外出求学归来，若不能治愈他的顽疾，怎对得起往日的教诲？

师母送走几位东阳的老医生回来，忧心忡忡地对朱丹溪说："适才几位医生为先生的病已商量了好半天。他身体这般羸弱，用峻猛攻伐的治法恐他难以承受，近日感受了风寒，施用补益食品，则犯医家之忌（中医理论认为，风寒侵犯体表，若误用滋补疗法，必导致病邪入里，病情加重，缠绵不愈）。几位医生束手无策，正犯难呢，看见你来了，故托词离开。"

师母的话，使朱丹溪感受到的压力又增加了。能否治好老师的病，家乡的医生们也拭目以待，人们等着验证，朱丹溪是不是有真才实学，他的新观点在治疗老师的疑难重症上能不能行得通？

这时床边传来许谦细微的声音："丹溪，不要有何顾虑，我信你，大胆地治吧，我会尽力与你配合。"

老师的鼓励，给予朱丹溪莫大的支持。他信心陡增。按照中医望、闻、问、切四诊原则，仔细诊察，一丝不苟，尔后经过慎重分析考虑，给老师开了方药。

朱丹溪认为：此病初因中脘（指胃肠）积食，宿食积久成痰；又感寒湿，抑遏经脉，气血运行不畅。顽症痼疾，非涌泄之法不足以驱除病邪。故用甘遂研末一钱入猪腰子内煨熟，然后食之。甘遂属中药里攻逐下利之品，药性十分峻烈迅猛。入猪腰子内煨，取缓和药势之意。

许谦服后连泻7次，翌日即能起床，两足开始行步。可是一周以后又呕吐大作，卧床不起，饮食不进，并不时烦躁难耐，气息低微，无力言语。老医生们见状，均归罪于朱丹溪。但他们已认识到以往过用温补药致使病情复杂难以诊治，故亦不敢贸然下手用药。

朱丹溪日夜琢磨老师的病情，带着问题查阅各家医著。中医经典著作《金匮要略》里记载：病人无寒热，而短气不足以息者，以实也。书上的论述与老师的病情恰好相符。积年累月的病邪聚结，一旦用刀圭之剂（重剂锐药）泄之，走动猖狂之热邪无以制御，故出现上述症状。于是朱丹溪决定选用吐剂，促使病邪从上而出。

开始仅选一味瓜蒂，呕吐不彻底。3日后换栀子，此药性较上药为甚，但仍吐不透。3日后再用附子和浆服，这才得以大吐。呕哕终日，前后吐出膏疾体液一大水桶。

之后朱丹溪又开了一剂若寒凉药，蒸浓汁放井水中令其极冷，连服4日，至第五天，许谦觉腹部微微有些胀满，大小便皆秘结不通，朱丹溪打算用重剂泻之，然而诸位医生皆以为不可。过了一日，朱丹溪第二次诊察，还是坚持肠胃有积滞，应行速泻，结果又引起争议，只好改用力量稍缓的丸药。数日后许谦腹满痛胀不可以手摸，神思不佳，朱丹溪仍持己见并申明：此时机不可再错过，否则贻误病情，后果危险。他用大黄、牵牛等苦寒泻药做成丸剂，服后第二天许谦大小便并通，大便量约有三碗许，便出物如烂鱼肠样，恶臭可畏。

次日许谦神情转安。

不想过一日许谦再度病情反复，腹胀绞痛，腰胯沉重且坠，痛苦不堪。持续约两个时辰，泻下污秽物如柏油条状一尺许，肚中热灼似火烧。片刻之后方渐渐安定下来，上述症状慢慢消失。是夜，许谦自生病以来第一回安稳入睡。从此身体状况日趋好转。由以前的粒米不进渐至啜稀粥，言语之声逐渐有了气力，神色亦一日好似一日。

次年，许谦元气已复，朱丹溪再予倒仓法给老师治疗。多年的宿疾病根至此彻底除掉，许谦痊愈如正常人，行走步履稳健。据史料记载，许谦病好二年后还喜得一子，那时他已年逾五旬，可见身体较之同龄的一般人更为康健。

朱丹溪用倒仓法治愈许谦多年沉疴。何谓倒仓法？有人比喻人体中的肠胃好像集贸市场，容纳的食物各式各样，种类繁多。当胃肠发生疾病的时候，病邪也在此集结。胃里面又以谷物居多，故有人又称它为"仓廪"，即藏纳积谷之室也。倒者，倾去积旧而游濯，使之洁净也。倒仓法，就是用涌吐之剂，令病人呕吐，使胃腑中积聚的病邪从上而出，从而起到治疗疾病的目的。

朱丹溪撰著《格致馀论》一书，这是一部代表他学术思想的中医学著作。其中有一篇"倒仓法"，专门阐述倒仓法的适应病症、用药、病例等。书中指出：人体依赖饮食得以维持生命，然而遇适口之物难免过量嗜食。任何食物均存在寒热温凉属性，五味辛甘苦酸咸偏胜，饮食不注意节制易导致积食。此外感受外来风寒暑湿燥火（热）的侵袭，人体内部情志喜怒忧思悲恐惊的激烈刺激，均会引起胃肠功能的失调，出现多种疾患。而对于与此相关的病症，倒仓法不失为一种便捷的治疗方法。许谦的病就作为一个典型病例在书中详细叙述。

许谦是一位享有很高声望的学者，朱丹溪治愈了他的陈年重疾，此事很快在家乡传开了。眼前的事实使医生们信服了朱丹溪的观点。没有人再讪笑他，取而代之的是，更多的人上门求教，恳请拜他为师。数年之间，朱丹溪声名远播，浙江东西，以致于吴中地带，罕有不知朱丹溪之医术高明的。朱丹溪的家乡赤岸镇有一条溪流名"丹溪"。人们出于对他的敬重，尊称他"丹溪翁"、"丹溪先生"。

欲攻先补

　　元统岁癸酉（1333），朱丹溪客居金华。那年他的好友叶仪在秋八月患痢疾。患痢疾的人肚子痛得很厉害，反复发作，病情严重者高热不退，甚至危及生命。叶仪就是这样，自患病一直未进食，精神困惫，不能起床。但是肚子痛一发作，肛门坠胀，就要大便。如此来回折腾几番后，再无气力爬起来坐便桶。出于无奈，他在草席、床板中间凿了一大窟窿，躺在床上听任其往下泻。

　　朱丹溪看过他的病，开了汤药，嘱他照方服下。

　　可是服了药后病情却一天天地加重了。周围的朋友哗然，纷纷在背地里议论，朱丹溪是颇有名望的大医生，怎的一个痢疾病人就难倒他了。看来叶仪凶多吉少啊！

　　朱丹溪耳闻朋友之间的猜疑，没有去刻意地解释，依然像往常一样，该干什么还干什么。

　　过了10天，叶仪的病情更为严重，咽喉间痰声辘辘，堵得发不出声音，说话细似蚊蝇。他躺在床上日夜呻吟，暗自思忖：朱丹溪身手不凡，我若服他的药病情也无起色的话，恐怕请别的医生就更回天无术。既然病已至此，还是准备准备后事吧。

　　叶仪心情沉重地将两个儿子唤到面前，有气无力地与他们诀别。两个孩子一听父亲说起这些，悲伤难忍，禁不住抱头痛哭。哭声传出屋外，街上的人们心里想：叶仪可能命归黄泉了。

　　当天晚上，有人跑到朱丹溪的住处，将此消

息报告于他。朱丹溪静心听完来人的叙述，未出惊异之色，只是对来人言："此必定传自道听途说。"未予理睬。

第二天天明，朱丹溪来到叶仪的家里，证实自己的猜测完全正确：叶仪没有死。遂亲自熬好汤药，喂叶仪服下。药一下咽，叶仪顿觉从嘴苦至肚里。那一天他大便了两次，排出不少污秽之物，恶臭逼人。至夜里，热度开始降退，浑身稍感轻松。一天后进少许稀粥，至此逐见好转，渐渐痊愈。

事情过后朋友们问起他为何当时镇定自若，胸有成竹，其中可有奥妙？

朱丹溪这才一一道出原委：

叶仪平素中气虚弱，伤于饮食而致病。治疗本该先祛昔日积结实邪，但他病体实在太虚，不先行补剂，无以祛除病邪。故首先用了10余帖调补之方。病邪在身，施用补法，无疑会使某些病症暂时加重。但如果直接妄攻，叶仪身体承受不了，必引出凶险后果。你们看，10天后我用承气汤（中药方名）荡涤除积，药下即应，一旦霍然矣。

叶仪也受学于白云先生（即许谦），与朱丹溪系旧时同窗，两人彼此交往数十年，了解不可谓不深。因着这个缘故，叶仪对朱丹溪笃信不疑，他没有在症状加重时改弦更辙，另谋他医，使得朱丹溪得以自始至终贯彻他的治疗法则，取得最后的好效果。这也是叶仪病愈的一个重要因素。

朱丹溪接着向朋友们谈起过去罗知悌治疗一僧人的故事，朱丹溪对待叶仪之病就是仿效老师的做法。

曾经有一位四川的僧人出家来到杭州，游历7年。母亲孤身一人留在家乡。那时交通状况与现在无法比拟，陆地上最快者莫过于骑马，江河里行船仅仅靠木头作桨。僧人长时间未得家乡的信息，不知母亲情况如何。思念亲人，欲归故里又无盘缠，于是朝夕向西遥望，终日以泪洗面。如此过去一段时间后，僧人由于心情过度忧郁，寝食不安，陷入病境。形体消瘦，神倦身软，脸色蜡黄。

寺庙长者请来罗知悌为僧人医治。罗知悌了解了发病原由，又细心检查了好一阵。便与僧人促膝攀谈，好言相劝。安抚他：此病无甚要紧，只需休息调养，待病愈我送你十锭银作路费。当然我不要你回报，只想帮助你，解除你的困难。之后，罗知悌告诉长者，僧人体虚宜以食滋补方能恢复。过半月他再来看看情况如何。

罗知悌走了，长者却在心里嘀咕：罗先生大名鼎鼎，今日见其治病，竟没有开药方，难道单吃滋补品就能医好这病？尽管这样，他还是遵照罗知悌的吩咐，给僧人开小灶，补养身体。10余天很快过去了，僧人身体真的有所改观。原来他接受了罗知悌的开导，明白自己并未得什么大病，且归期有望，心情自然轻松愉快。加之吃了不少滋补食物，故情形转变。

罗知悌如期再来，见僧人身体状况尚好，便开了3服攻下之药，令他一日服下。僧人服了药汤，连连排出淤血痰积，病根由此铲除。调理半月，身体完全康复，如愿回蜀。

朱丹溪给大家讲完这个故事，又补充说道："罗先生治疗蜀僧之病，采用的是先补后攻的疗法。叶仪与蜀僧病情存在类同之处。所以使叶仪起死回生，其实得益于先师的启迪。"

朱丹溪是一位善于学习，勤于思考的学者。通过上述病案，他体会到，攻击之法，必其人充实，禀质本壮，乃可行也，否则邪去而正气伤，小病必重，重病必死。朱丹溪一生用攻法治愈了无数病人，可谓精谙此道。他倡导"攻击宜详审"的理论观点，主张根据病人实情，掌握时机，适时适度，或攻补兼施，或先攻后补，或先补后攻。祛除病邪而无伤正之虞。

金元时期在北方有一位医学成就突出的医家代表张从正（前已述及）。他对医学的最大贡献在于：对汗、吐、下三法的运用具有独到见解。后世医家因他擅用此三法尊他为攻邪学派的开山之祖。朱丹溪的老师罗知悌在北方滞留期间曾研究过他的学术思想，罗氏将其心得传授朱丹溪。

汗法：即用发汗的方药，使病人发汗令病邪随汗而出。我们常常有这样的体会：感冒之后，尽管高热、浑身发烫，但全身一点儿汗也没有，吃了感冒退热药之后，会出一身大汗。这时高热退下来，其他症状也随之缓解。其实这就是汗法治病最普通最常见的一种。

吐法：顾名思义，即用药物催促病人呕吐，以此治疗疾病。举一个浅显的例子：有人吃了过量的食物，胃部突然地膨胀，饱撑难耐，此时拿一根筷子压迫一下舌根，就会产生催吐作用，将多余的食物呕吐出来，使胃肠得到保护不至于损伤。这是一般的生活常识，此处催吐用的是筷子。如病症须用，可用药物催吐。倒仓法，就是指吐法。

下法，即用药物人为地使病人泻泄，排出污物，治疗疾病。如上火的食物吃多了，食积蕴热，易导致便秘，几天或者更长时间不大便即出现疾病，此时用一些泻火通便之药，就可解除病症。

汗、吐、下三法借助药物的作用把体内的病邪攻逐出体外，它们是治疗疾病的快捷方法。然而此三法有一个共同的缺点，使用不当，很容易损坏人体，耗伤正气，重者足以致命。

朱丹溪在长期的医疗实践中深深地领会了汗、吐、下三法的优劣双重性。他吸取张从正应用汗、吐、下三法的长处。在具体处方用药时谨慎从事、避免孟浪。可谓取其长而补其短。朱丹溪"攻击宜详审论"是在张从正汗、吐、下三法基础上提出来的，但较张从正更进一步，更为完善。张从正是金元时期影响甚大的著名医家，朱丹溪的学术成就超出了他。分析两位医家，我们可以得到某些启示：科学家的成功，无一不是在前人的基础上推陈出新。敢于超越前人，敢于创新，社会才能进步。

妙医如神

　　浙江天台有一姓周的进士，患病恶寒极甚，当时正值炎热的夏季，这位进士不仅全身蜷卧于大棉被之中，且用厚被拥蒙着整个脑袋。医生来给他看病，都认为属于寒症，用辛燥温势的附子予以治疗，进士服下的附子数以百计，病情却未见减轻，反而日益加剧。医生们对此无计可施，进士一筹莫展。好友来看望他，推荐说义乌朱丹溪看病很灵验，可否投居于他。

　　朱丹溪被请至进士家里，果然不负众望。

一剂药下肚，病人吐出痰涎一升许。棉被撤去一半，数剂汤药饮毕，患者饮食起居已正常如初。周进士喜不自胜。朱丹溪却不是他那般乐观，慎重地对他说："君之疾得之于热，然医误诊为寒。今诸症状虽然消失，但服下的附子热毒尚留存体内。以后须以清淡饮食养胃，尽量避免物欲的引诱，静心养神。只有这样，体内的火毒方可慢慢化解。否则火毒发出，必引起致命病痛，到那时就无药可救了。"

周进士没有听信朱丹溪的忠言劝告，颇不以为然。觉得现在身体健壮，毫无不适之感，怎会大病藏身？他认为这是医生在危言耸听，小题大做，大可不必顾忌那么多。于是依旧十分忙碌，劳心劳力，也不注意饮食起居调养，朱丹溪的劝说渐渐全忘脑后。

没过多久，朱丹溪的话不幸言中。周进士背部发痈疽，四处求治不得效。此时他想起朱丹溪原先说过的那些话，悔不该当初未把它放在心上，至今日落得这般下场，无奈遗恨而死。

朱丹溪自习医以来，日夜为病人诊治，从未辍歇。丰富的实践阅历，加之不断研究古医书，提高理论水平，使他较之一般的医生进步更快，医术更为高超。对于遇到的一些疑难杂症，亦能很快地把握住疾病的关键。尤其在诊断方面，不被外在表现的假象所迷惑，准确地判断出疾病的实质，为正确的治疗提供可靠依据。也许这就是他治病应手而瘥的一个法宝。

经朱丹溪之手治愈的病人难以计数。他的学生曾记录这样的病例。

郑义士家一少年，秋季初病发热证，浑身燥热不安、口干渴、心烦意乱，甚至胡言乱语，面部两颧红赤。郑氏双亲情急之中请了一位年轻的乡医。乡医行医时间不长，经验不足。根据患儿外在的一派热象，轻率地开了数剂凉药。谁知落入腹中，病反加剧，患儿目不识人，神志不清，烦躁妄动。孩子的父亲焦虑万分，亲自跑数里地到朱丹溪家里延请求医。

朱丹溪看了孩子的情况，安慰其父母："此

系药不对症，贻误病情。孩子眼下须镇静，你们不可在他面前惊慌不安，加重刺激，于病情不利。我给他开几副汤药，他的病会稳定下来的。"

郑父喃喃地念叨："庸医误人性命，还望朱先生救救孩儿。"

朱丹溪用的是附子汤，具有温热祛寒之功效，与前述乡基所用药物药性完全相反。据朱丹溪应用望闻问切得来的病情综合分析，此症属真寒假热，即里有寒证，寒甚至极，表现在外的症状呈一派热象，此热象乃虚假之征象也。前医未认识到这一点，错投凉药，导致病情恶化。朱丹溪的处方药证相吻，病势迅速扭转过来，病情稳定，平安无事。

本文篇首天台周进士服附子过量最终毒发而亡；郑家少年有幸得到朱丹溪医治，却因附子转危为安。同是附子一药，在不同的医生手里，竟起到生死之不同效果。可见药物之有药性却无意也，它可救人，亦可杀人，此生杀之权完全操纵在医生手里。正像水能载舟，亦能覆舟的道理一样，朱丹溪不愧为妙手良医，他给病人指的是一条充满生机的活路，而不是将病人领进地狱之门。无怪乎近者义乌，远至吴越诸地，不论内外妇儿各科，不分男女老幼病人，竞相登门求医。朱丹溪因此昼夜繁忙不休，但他从未怨苦怨累，毫不吝啬地将健康的福荫带给那些与疾病凄惨抗争的人们……

本族亲戚陈时叔患胀病，腹大如斗。他医用破气下利的药物使病情加重。朱丹溪诊察后指出："此病因嗜酒过度而起，过量饮酒，体内湿热蕴毒，损伤血脉，气血受损影响脾胃功能失常，脾胃不能运纳水谷，气机升降不通畅故出现腹胀。"

陈时叔叹服道："先生真乃扁鹊再世（扁鹊，战国时期名医），如同窥见内脏器官一样。吾素往好酒喜饮，时常便血已经数年了。"

朱丹溪从理血之剂下手，果然投之应验。又用化湿健脾经后期调理，不久病已全好。

一女佣人平素在东家总是闷头干活，性情沉默，凡事善忧。数月前遇不快之事情，遂寡言无语、终日无笑颜，心事郁结心头。后来月经周期停止3月，小腹当中生出肿块，且慢慢扩大如炊饼，肿块摸之则感疼痛。佣人求助朱丹溪，自述近两日乳头变黑有汁流出，怀疑是否怀孕了？

朱丹溪听了佣人的讲述，好心给她试脉，告之："此涩脉也，非孕脉之象。"

佣人露出满脸狐疑："若不是怀孕，岂非大病临头？"

朱丹溪晓之以医理，消除她的疑虑恐慌心理。予活血行淤之剂，服至数剂，佣人来复诊，云：月经已行，肿物消去一半。欲索药续服。

朱丹溪没有给她开药，向她解释：病势已去，勿再攻，只需注意日常调理，待下次行经，当自消尽。佣人腹中肿块去除了，此正是古人所谓"病去即止"、"取去为度"。朱丹溪掌握自如，恰到好处。

一位妇人生孩子后劳累过度，阴道口有一物

脱垂出来，状如女人的衣裙边，颇感不适。且小腹坠胀，腰重酸乏，言语无力，面色苍白。求医治疗，不少医生不知此为何物，莫可解释其中原因。

妇人身边婴儿嗷嗷待哺，自己食不知味，没有奶水喂养他。孩子饿得啼哭不止，大人更心烦着急。

辗转周折，妇人被引见到朱丹溪处。

朱丹溪告诉病人："垂至体外之物乃子宫也。气血亏虚之故。"

一般妇人产后气血经历一次大耗损，又兼哺乳，均呈程度不一的气血亏损，所以产后需特别注意补充营养，同时予以适当的卧床休息。此时体力劳动过于繁重，极易导致气虚下陷，脏器下垂，如子宫脱垂之类。

疾病的根源查出来了，对症下药，病情很快出现起色。妇人遵照朱丹溪的医嘱，内服外洗，双管齐下，子宫复位了，其他症状一并消失。健康又重新回到妇人身上。朱丹溪告慰妇人："病愈完全恢复，将不会留下任何后遗症。以后还能再行生育，毋庸担忧。"

3年过去了，妇人果真顺利地生下一个健康活泼的男孩。她喜悦之情溢于言表，逢人便竖起大拇指夸赞朱丹溪："先生确实了不起，乃神医也。"

夸朱丹溪神医是对他的褒奖，然此神医非上天赐予，实实在在系朱丹溪全身心投入医学，殚精竭虑，日夜苦读，精研医道，勤于实践的结果。他为此付出了很多，诸如放弃仕途，抛家不顾，离乡求师，为病人出行废寝忘食，不计辛苦等等。更可贵的是：朱丹溪矢志医学，坚定不移，努力不懈，这是他踏上成功之路的重要因素。值得今人借古为鉴。

医泽于民

　　朱丹溪以医济世，救人活命，实现了自己的夙愿。在江浙一带他的声望很高，即使一般的地方官吏也不及于他。为此多次受到举荐，但他未曾被官场地位所诱惑，一生为布衣平民。不追逐名利财物，不屈于达官权贵，甘为百姓出资扶贫、治病送药。

　　人们都记得这么一段故事：

　　一位有权有势人士身体感到不适，差人去召唤朱丹溪来给他治病，为显示地位尊贵，在朱丹溪来见他之时，正襟端坐于大堂，将三品信卫排列两旁。朱丹溪为他诊脉，此人居高临视，一副盛气凌人的姿态。问他病状如何，他眼皮一抬，不予理睬。

朱丹溪也不言语，诊脉完毕，径自出门而走。

那人不知结果怎样，催人追赶询问。朱丹溪不无嘲讽地对来人说："你家主人活不长了，3个月之后就要阴间做鬼。你看他病入膏肓还骄气傲慢，不可一世，已无药可救了。"

果不其然，那位贵富人得绝症，不治而死。

他的家人领教了朱丹溪的神医功夫，在朱丹溪生日那天，送来厚重的礼品想讨好，朱丹溪毫不客气地将其拒之门外。

一位妇人丈夫去世后守寡而居，家里一贫如洗。不幸之人又遇不幸之事，妇人染上了疠风病，也就是俗称的麻风病、癞病。

麻风病是一种慢性传染性皮肤病。初起患处麻木不仁，次成红斑，继则肿溃无脓，久之蔓延全身肌肤，出现眉落、目损、鼻崩、唇裂、足底穿等重症。此外，皮表面也会形成结节，毛发脱落，感觉丧失，手指脚趾变形。

麻风病会传染，后期使人致残。它的那些临床表现也令病人十分痛苦。此病异常顽固，短期痊愈后易反复发作，很难斩断病根，故人们普遍谈"癞"色变，对麻风病人唯恐避之不及，怕招惹上身。

贫妇得恶疾，正是屋漏偏逢连夜雨。穷人的日子已不好打发，患病更无钱医治。妇人几乎走投无路，被生活逼入绝境，几次欲寻短见。朱丹溪见状顿生怜悯之心。他对病妇说："此病世称难治的原因，是其易复发，而复发之由则为不守禁忌耳。只要你遵从医生的建议，是有希望根治的。"

朱丹溪给予的同情深深地感动了病妇，她对朱丹溪掏出了心里话："贫妇不是不愿听从您的意见，只怨命运多舛，贫病交加，无钱抓药治疗。"说着低头掩面而泣。

朱丹溪没再说什么，他回去后，配制好治疗麻风的药物，将其送到病妇家里，告知她服用方法。特别强调服药时禁食酱、醋、诸般鱼肉、椒料、果子、煨烧炙煿等物，只可吃淡粥，煮熟的菜亦须淡食。可将乌梢蛇、桑花蛇与淡酒煮食之，以助药力。最后朱丹溪说："此药只图治愈你的病，不收费用也不需你回报。"

贫妇接过药物，不住地点头，心里充满了对朱丹溪的感激，可一时却不知用什么语言表达好。

经过一段时间的连续治疗，贫妇的麻风得到遏止。她的心情较以前好多了，重新振作起生活的信心。

麻风病治疗好了，朱丹溪又一次向她强调要慎食慎行，严守诸项禁忌，以防复发。并开了数百剂善后调理药物，从此贫妇的麻风病未再复发。

病愈之后贫妇与从前判若两人。原先见人矮三分，现在抬起了头，她在乡里乡亲中间总爱提起朱丹溪仁厚做人，轻财重义，治愈顽癫之事。

这位妇人后来身体康健，依靠自食其力度日。朱丹溪不仅医好了她的身体疾患，还帮助她走出了精神上的低谷。

又是繁忙的一天。下午朱丹溪与仆夫从外出诊回来，两人收拾整理停当出诊用具，掸去衣服上的尘土，坐下休息，家人送水上来，顺便提及有一少年替父亲来请朱丹溪。其父重病卧床，不能行走，欲求医生前往病家给予治疗。

朱丹溪问："少年现在何处？"

家人回答："一直在门外等候。"

朱丹溪听了家人的禀报，有点儿坐不住了。起身去询问门外等候的少年，家住何处。这时仆夫接过话茬："天色不早，我们出诊才回来，已经疲乏很累了，明天再说吧。"

朱丹溪看仆夫坐着有些不愿动弹，和颜悦色地对他说："我们确实累了。可你想想病人痛苦在身，度日如年，我们在家清闲，于心何安。"说罢，拿起了出诊用具。仆夫为朱丹溪的热忱所感动，赶忙手脚麻利地接过要带的器物，叫那少年为朱丹溪引路。

病人是一位36岁的男子，平素喜食肥腻辛辣厚味的食物，体内积热生火，又好动怒发脾气。去年秋天左右两胯出现疼痛，以后慢慢扩延至两膝、两小腿，昼轻夜甚，痛处怕冷畏寒。医生用的药物都是治风湿和补血之品。至今年春季两膝渐渐红肿，疼痛亦愈来愈剧烈，由此影响到饮食，没有食欲，饭量也减少了，睡眠也不好，身体日渐羸瘦。挨到春末夏初之季，膝关节肿得如碗口那么粗，不可屈伸。病人是一家之主，无法再出去干活，谋生无门，全家老小眼睁睁地看着家里的擎天柱就要倒塌，生活入不敷出，着急得不知怎么办才好。

经好心人的指点，这位病人找到朱丹溪，脉证诊察之后，朱丹溪判断此系痰积阻滞经脉，开了汤药，交代好如何配药煎煮，何时服用。忙乎至天黑，他们才归去。

饮药半月，症状稍缓。加减前方又饮半月，

肿痛渐消，饮食渐进，患处局部畏寒亦见好转，但两膝仍感虚软无力，不能久立快行。又接着在前方基础上略加增删服月余，调理饮食。后来此人托朋友给朱丹溪捎来口信：感谢先生治病之恩。因家里急等钱花，他已出远门谋生计去了。

朱丹溪就是这样，年年月月日日长期生活在平民百姓之中，为他们排忧解难。有关他的传记资料如是说："窭人求药，无不与，不求偿还。其困厄无告者，不待其招，注药往起之，虽百里之远弗惮也。"

学有所成

时尚可以是一种潮流，涨潮的时候潮水一浪高过一浪，汹涌而来。在社会发展过程中，不同时期都曾出现过许许多多这样那样的潮流。社会就是在诸多潮流潮涨潮落之中不断地更替，向前发展。在潮流到来之际，绝大多数人身不由己，不约而同地都能感到它的冲击，或不同程度地随波逐流。

有些潮流其初始主流积极因素起作用。随着高潮的出现，它的消极影响也渐渐扩大，以至形成某种弊病，从而激起有识之士的警醒，继而力挽狂澜。《太平圣惠和剂局方》（简称《和剂局方》或《局方》）就经历了这样一个过程。它作为药局方书通过朝廷频行全国，为广大平民百姓的健康作出了莫大的贡献。但是，正像所有潮流一样，由于《局方》在全国上下传播极广，使用极为普遍，官府民间形成了一种应用《局方》的时俗。《局方》书中的不足之处也就随之到处泛滥成灾了。朱丹溪处在这个时代，他的家乡也是滥用《局方》的灾区。因此深刻地认识到《局方》的弊端。为警世明人，他慨然提笔，撰写《局方发挥》。

此书通篇16 000余字，一气呵成，以精练的语言条分缕析，对《局方》之弊端加以评述、诘问质疑、甚至驳斥。

以下仅举数条以例之：

"《局方》可以据症方，即方用药，不必求医，不必修药，寻赎见成丸散，病痛便可安痊……然予窃有疑焉……集前人已效之方应今人无限之病，何异刻舟求剑、按图索骥？"大意是：刻板地套用前人的成方，无视病人的具体病情，与刻舟求剑没有什么两样。

"《局方》多以治风之药，通治诸痿也。古圣论风、论痿，各有篇目。源流不同，治法亦异。不得不辨。"大意是：风病与痿病浑同论治，与辨证论治理论相悖。

"《局方》不曾言病，而所谓寒与热者，其因何在？其病何名？果无杂谷所受邪？果无时令资禀云当择耶？据外症之寒热而遂用之，果无认假为真耶？果以是为非耶？"大意是：《局方》仅依据外在症状确立病性寒热，从而决定所选方药，而未注重论述病因、病名，也欠考虑时令、禀赋等因素对疾病的影响。如遇寒热夹杂证、假热真寒证、假寒真热证，易造成错投药物之事故。

书中朱丹溪直陈自己的学术见解，有些论断颇为精辟，也不乏发前人之未备处。当然其中难免有偏颇之辞。《局方发挥》的问世，确实起到了提醒世人，矫正流弊的积极作用。

朱丹溪从医之前就学于理学大师朱熹四传弟子许谦门下，研究道德性命学。后来弃儒从医，理学思想仍时刻影响着他。晚年著《格致余论》一书，提出"阳有余而阴不足论"、"相火论"两个著名理论观点。其中就寓含了不少理学思想成分。

程颢对天地阴阳如此论述："天地阴阳之运，升降盈虚，未尝暂息。阳常盈，阴常亏。"朱丹溪以天地阴阳比类于人体，指出："气常有余，血常不足。"又以日实明于月，月缺禀日光，认为人体阳常有余，阴常不足。

从人体生命生长状态发展的过程来看，朱丹溪在其书中云："人之生也，男子十六岁而精通，女子十四岁而经行。是有形之后，犹有待于哺乳水谷以养，阴气始成，而可也阳气为配，以能成人……可见阴气之难于成。"又由于生命活动的需要，以及恣情纵欲等原因，不断地消耗精血等物质，"阴气"更是易亏于后。

分析《格致余论》中"阳有余阴不足论"篇的有关内容，朱丹溪所说："阳有余"，是指情欲因外在因素的引诱，容易妄动，导致相火炽盛而发生各种疾患。

"相火论"原根据理学的动静观，结合中医经典医籍《内经》有关理论进一步阐发而形成。谓"天主生物故恒于动，人有此生，亦恒手动。""凡动皆属于火。"认为君火在上，主司精神意识活动，宜静不宜动；相火在下，代表脏腑活动，宜动。强调相火与生命兴衰存亡息息相关，"天非此火不能生物，人非此火不能有生。"它是与生俱来的一身动气，可通过脏腑功能活动或病变得以见之。

人的情志过极，色欲过度，饮食厚味等多方面原因会引起相火妄动。相火妄动的结果导致阴精耗损，精自走泄，甚或"煎熬真阴，阴虚则病，阴绝则死。"

根据"阳有余阴不足论"、"相火论"，提出以养阴抑阳作为养生的首要措施。主张幼年不宜过饱过暖；青年应晚婚节欲；老年饮食宜茹淡食。以达到"保全天和"、却病延年的目的。在临床上朱丹溪针对相火妄动的多种病症，提出了"滋阴泻火法"。它有别于金元时期刘河间、张从正、李东垣的学术观点，独树一帜，对后世产生深远的影响。后世医家因此称他为"滋阴学派"的创始人。朱丹溪注重养阴护精有关学术理论的问世，振聋发聩，在中国医学历史上具有划时代的重大意义。它不仅充实了祖国医学理论体系，也影响了一代医家。翕然从之于他门下的学生不胜其数，涌现出一批著名医家。他们承其衣钵，弘扬师说，使其学说不断完善，影响日益扩大，盛极一时，甚至远播扶桑。日本医界16世纪初亦出现专尊丹溪的学派。日本医僧月湖久住杭州，其弟子田代三喜来华行医12年，甚为推崇丹溪，他们将丹溪列为"医中之圣"。

《格致余论》集中反映了朱丹溪的学术思想，此书也是他毕生致力于医学心得体验的总结。如老年养生提出茹淡饮食，就得益于他母亲的亲身经历。

朱丹溪的母亲在他们兄弟年幼时失去了丈夫，为抚育孩子长大成人耗尽了心血。后来身体不佳，患脾痛症促使朱丹溪学医。朱丹溪待母亲悉心照料，恪尽孝道。母亲若身有恙不适，朱丹溪必心头焦虑。作为医生、作为晚辈，他觉得不能驱除母亲身上的病痛，简直无地自容，无法原谅自己。

母亲年逾七旬之际，时患痰饮病症，年迈体弱，不抵药物之攻伐，朱丹溪决定从饮食调养入手。他认为："天之所赋者，若谷菽菜里自然冲和之味，有食人补阴之功。"就是说地里生长的自然作物如谷米、豆类、蔬菜、瓜果之类多平淡味和，人以此为食物，有助于养生。那些经过烹饪燺炙的膏粱厚味则对人体不利，多食之足以致病减寿。朱丹溪的所谓茹淡，即主张食物的天然素净，清淡而避免烹饪。他的观点与现代营养学家的认识不谋而合。现代营养学家也强调天然食品的诸多好处，认为很多蔬菜生食为好，其中的众多营养不致于在烹饪过程中被破坏。可见朱丹溪的茹淡饮食颇具科学性。

经过精心调养，朱丹溪母亲的痰饮逐渐消失。后因大便燥结，进食牛乳、猪脂、糜粥等，便秘虽得以暂时滑利，可是过食油腻之物，老人肠胃功能低下，积久生内热，发为胁疮，连日痛楚，寝食不安。针对母亲的前后病症，朱丹溪苦思冥想，最终悟出节养之道。

耄耋之人气血枯耗，脏腑功能减弱，无力排便，易致大便燥秘，这是老人的常见病症。为预防起见，平素随时令变化进食一些平补脾胃，调和气血之品，视身体状况予以加加减减。饮食以清淡冲和之物为主。就这样，朱丹溪的母亲虽觉瘦弱，然面色莹洁，很少生病了。

朱丹溪在中医理论方面卓有建树，临床医疗亦硕果累累，后人总结他对气、血、痰、郁、火等病症的治疗见解不凡，医门奉为圭臬，后世医家誉之曰："杂病宗丹溪。"他创制的诸多方剂传用至今，效验神灵。

以郁症为例，朱丹溪认为郁症多由情志怫郁、气机壅滞所致。治疗郁症宜首先调理气机。一女子生病卧床半年，食欲全无，茶饭不进，遍求医治，均未得效。

其父陪同来到朱丹溪处，谈话中朱丹溪得知她的病史。诊其脉，觉左脉尤为弦甚。朱丹溪诊断：此属气郁症。因思念丈夫，心情压抑，日久气郁，肝气不舒，横逆犯脾，脾胃不得行使受纳运化水谷功能而致。

原来此女子已许配人家，丈夫离家赴广东5年未归，女子不知丈夫在外境况如何，忧虑过度，遂发病至此。

朱丹溪向女子的父亲解释病因，告知治法曰：此病唯有令她发怒可解。按中医五行（金木水火土）学说来讲，肝属木、脾属土，怒之气击而属木，能冲土之结。咱们今天触动触动她，让她大发雷霆，以助排解气郁。

女子的父亲看着朱丹溪，将信将疑，也不知用什么方法促女儿一下子大动肝火。只好木呆地立在一旁。

朱丹溪抡起大巴掌照着女子的脸猛地扇了两下，责骂她："身为有夫之妇，不静守闺门，犹有外思，于理何容？"

女子突然间耳闻辱骂，受到莫大的刺激，义愤填膺，抵制不住怒火上冲，当即高声辨述，号啕大哭。过一会儿，女子神疲声息，朱丹溪诘问："心胸郁闷否？"

女子回答："较来时舒畅多了。只是适才先生的话，实在冤枉我呀。"

朱丹溪说明刚刚的举动出于治病需要，不得已为之。非确有其事，请她见谅。

女子听了怒消气平，心胸开朗，顿觉饥肠辘辘。

离开的时候朱丹溪给她带上调理肝脾的药物，悄悄地对她父亲说："气郁虽然缓解，但得有喜方能使她病情彻底痊愈。"

女子的父亲遂谎称其夫有家信寄来，归期在望。过了3个月，其夫果真归来，女子病愈。

朱丹溪学验俱丰，除《局方发挥》、《格致余论》外，尚撰有《本草衍义补遗》、《外科精要发挥》、《伤寒论辨》等医籍，前三者流传较广。学生根据他的学术经验与平素所述纂辑整理的医著尚存若干种，如《金匮钩玄》、《丹溪心法》、《丹溪手镜》、《脉因证治》、《丹溪治法心要》等。这些书籍为研究朱丹溪的医学思想留下了宝贵资料。从书中可感受到朱丹溪的学术理论来自于实践。他是实践的有心人，懂得不断地将实践所得归纳分析整理，使之升华为理论。朱丹溪不愧为中华民族值得骄傲的杰出医学家。

以医会友

文人相轻，原指旧时文人墨客自恃才智，看不起别人的学问，彼此冷言讥讽的陋习。医界这种情形亦时有发生。朱丹溪系元朝医学大家，为人仁厚宽容，虚怀若谷。当时有一位与他医名不相上下的医家，名叫葛乾孙（字可久），朱丹溪对他从未心存嫉妒，而是互相推崇，相处成朋友。关于他们的友情，史料足以为证。

葛乾孙，姑苏（今江苏南京）人。史载以医术著称，与朱丹溪齐名，性格敦善，治病不论贫富贵贱，视病情轻重予药，无有不效者。他与朱丹溪相识于一艘病人的小船上。

元代江浙省人平章，赴外地上任官职。不料行至义乌突然中风，肢体瘫痪不能动弹。病人神志不清。据病情分析，当时平章可能因脑出血而不省人事。随从侍者慌忙四处寻找医生。

平章一行人走水路乘船，平章突发重病，小船只得靠岸江边，侍者请来了葛乾孙，他登上小船，发现朱丹溪已坐在里面。二位均是当地名气颇大的医生，素相闻不相识，今日在此谋面，都庆幸这缘分，感到欣悦。寒暄之后，便携手共商计策，以期挽回平章的性命。

朱丹溪为平章诊脉，然后说："病已危殆，起死回生的可能性很小。"

葛乾孙观察了病人的情况，回答："平章确实性命危在旦夕，还可试用针法施救。"

朱丹溪想了想又说："针法治疗仅起到刺激他肢体的功效，对于复生无大的益处。"

平章左右随从们这时心里只有一个念头：哪

怕剩一线希望，也要尽全力抢救，极力主张葛乾孙针刺治疗。正如朱丹溪所言，进针后平章的肢体动了动，但并未苏醒过来。

朱丹溪接着问起平章家离此地距离远近，掐指算了算，对随从说："即刻启程赶路回家恐怕还来得及，稍作耽误平章就可能卒于道间。"朱丹溪预料得很准，平章一到家就咽气了。

朱丹溪与葛乾孙此次结识，亲眼目睹了对方不同寻常的医术水平，彼此留下了深刻的印象。此后二人交往越来越频繁，关系愈来愈亲密。

一次，朱丹溪治疗浙中一位女子的瘰疬病，服药后效果不错，可是病人脸部两颊红晕怎么也褪不掉，朱丹溪没辙了，对他家人说："吾有一位朋友，乃吴中名医葛乾孙葛先生，他对此症会有办法的。但是葛先生雄迈不羁，恐怕您请他不动，吾写好一封信您带上，他见信必定前来。"

家人很高兴。备好凉帐小舟专程去迎接葛乾孙。迎接的人到达葛乾孙处时，葛氏与他人玩耍正在兴头上。一会儿闷头摸牌，一会儿开怀大笑，旁若无人。使者小心翼翼地禀报葛氏，葛乾孙根本不瞧来人一眼，也未听清人家说什么，不问青红皂白就叫使者出去。使者俊立中庭，葛乾孙瞪目视之："叫你走，你怎么不挪步？"

使者跪下将朱丹溪的信呈上。葛乾孙打开信阅读起来，阅毕二话不说，也不回家打个招呼，也未与众人告辞，跟着使者上船就奔向义乌。

来到病人家里，朱丹溪介绍了患者病情，问他有何良策。

葛乾孙答道："此当针刺双侧乳房。"

女子的父亲面显难色，女子尚未出嫁，怎能在陌生男人面前脱衣露体，作为父亲，也不好张口提此要求。

葛乾孙略作思索："那就这样吧，我隔着衣服行针，也不妨碍疗效。"

经过针刺治疗，红晕消退，瘰疬病治愈。这户人家经济富裕，女儿病愈，父亲心里煞是高兴，一定要赠送葛乾孙丰厚的礼物。葛乾孙笑着推辞说："我冲着朱先生的面子而来，岂能收受您的礼品。"说完拱手告别。

朱丹溪对葛乾孙的医术甚为赏识，葛乾孙对朱丹溪也是敬佩有加。他们二人常在一起相聚，共同会诊病人。这期间发生一件事，令葛乾孙感触很深，且由此焚烧了自己的书稿。

一天，朱丹溪和葛乾孙照例相约一起在诊所为病人看病，其间来了一位患者，葛乾孙看了看之后告诉病人："您的病情很重，3年后将引致背部痈疽，到时恐怕难以保全性命。"

病人听后感到焦急万分，转过身又向朱丹溪求医。朱丹溪教他每日多饮梨汁，内毒可逐步解之，不至于出现致病绝症。

病人牢记朱丹溪的指点，回家后遵之如圣旨，每日饮梨汁，连服不辍。3年过去了，病人未出现大的病痛。

葛乾孙得知此事，心生敬意。不由得叹服：吾在朱公之下也。遂取出平生著述一并焚之，云：此书留与后世，岂不祸害他人？

当然，以葛乾孙的医疗水平，其著作决不会

如他所言那般低劣，但他对朱丹溪的崇敬之心及严于律己之风范可见一斑。

与朱丹溪朋友相交的还有一位杜本医生。杜氏博学善文，志行高洁，和朱丹溪的老师罗知悌相友善，医学方面造诣较深。杜本有一段时间隐居武夷山学道，那时他与朱丹溪有了来往，且在婺源病发脑疽。生病之后，杜本自己开药治疗，可是却不见明显疗效。

一日朱丹溪前来拜访，杜本提及这事，朱丹溪问他："为何不服防风通圣散。"

杜本说："已经吃4剂了。"

朱丹溪又问："药物用酒炮制过吗？"

杜本一下子明白过来，他用的药物未经过酒制，其功用自然存在差异。于是按照朱丹溪的嘱咐又开了几服汤药再服，没待药物吃完，病已痊愈。打这以后，杜本对朱丹溪的医技心服口服，交往也多起来。

明朝医家楼英，其父名友贤，字信可，号信斋，也是医家，但较其子楼英名声稍逊。楼友贤与朱丹溪交谊甚深，二人酬唱往来，丹溪有《东信斋教谕》诗云："一卧丹溪相见稀，小园日日掩荆扉。学农未便妨书课，观物时常识化机。帘捲午风花力懒，畦经新雨药苗肥。晚来不惜尘双屐，扫榻殷勤话夕晖。"楼友贤也有诗《次韻朱彦修先生》。彦修婺之金华人，从游许白云先生，尤精于轩岐之学。轩岐之学，指的是中医学。诗中云："《素》《灵》经已贯，《格致》论殊深。晔盎能充体，沧浪未濯缨。疗从标本问，证免札瘥侵。"朱丹溪去世，楼英奉父命专程赴义乌吊唁。

朱丹溪生前交了一位文学界的朋友，他便是明朝文学家宋濂。宋濂，字景濂，号潜溪，浦江人。宋濂幼博闻强记，精通五经。元时授翰林院编修，后以双亲年老辞官，隐居龙门山，著书10余年。元朝灭亡，明代更兴，再次召为纂修《元史》总裁官，官至翰林学士承旨兼太子赞善大夫。在朝廷兼为皇太子老师先后10余年，颇得太子尊重，太子谈论古今时每每言此乃师父云等。

宋濂处事诚实谨慎。一次宋濂在酒席上与客人对饮，皇帝私下秘密遣派使者侦探宋濂。第二天皇帝询问他昨日饮酒否，客人是谁，席间菜肴为何物，宋濂一一以实情禀答。皇帝听了哑然失笑："卿真乃一诚实人也。看来卿不会欺骗朕。"宋濂得到明太祖朱元璋的宠信。宋濂酷爱读书，一生手不释卷，典制、律历、文学、历史无所不通。朝廷诸多大的典礼及其元勋巨卿的碑记刻石等，均出自宋濂之手。屡次推举为开国文臣之首。社会名流竞相收藏他的文集。

朱丹溪与宋濂过往密切，他们的友情始自宋濂的青年时期。宋濂在他的文集中云："盖自加布于首，辄相亲于几杖间，订义质疑，而求古人精神心术之所寓。先生不以濂为不肖，以忘年交遇之，必极言而无所隐。"文中"加布"即"加寇"，为男子20岁的代称。可见宋濂20岁时就与朱丹溪建立忘年之交。此时朱丹溪年近五旬，虽然二人年龄悬殊，但对古人精神心术的共同追求，缩短了彼此之间的差距。他们常常推心置腹地交流思想，切磋儒学，毫不保留地阐述个人见解。宋濂自言："知先生之深者，无逾于濂也。"他们是一对难得的知心朋友。

由于他们非同一般的关系，朱丹溪母亲去世后立的"墓铭"、朱丹溪著作《格致余论》的"题辞"均系宋濂提笔而作。朱丹溪为家乡农民搞好农田建设，防止自然灾害的侵袭，出力策划修建池塘，宋濂对朱丹溪的义举深表钦佩，不惜笔墨撰文《蜀墅塘记》加以颂扬。

朱丹溪去世，噩耗传至宋濂处，后来应朱丹溪子女之约，宋濂将自己的悲伤之情及对朱丹溪的敬意倾注笔端，以他的盖世文采写下了传世之作"故丹溪先生朱公石表辞"。文中动情地记述："丹溪先生既卒，宗属失其所倚藉，井邑失其所依凭，嗜学之士失其所承事，莫不彷徨遥慕，至于洒涕。"

"故丹溪先生朱公石表辞"收入宋濂的文集，流传至今，成为现代研究朱丹溪生平不可多得的宝贵历史资料。

修筑蜀墅塘堤

义乌县南20千米有一口大水塘，名叫蜀墅塘。水塘的大小按成人步计量约周长3 600步。成人一步大概0.8米，折算起来蜀墅塘的周长约为2 880米。可以想象水塘有近3个标准跑道的田径场地那么大。那是一片不小的水域。塘的东西北三面都是起伏的山丘，朱丹溪家所居住的赤岸镇依傍着蜀山，蜀山即属于这片山丘。山上泉水往下流成小溪，小溪涓涓汇入蜀墅塘，泉溪计72处之多。河塘之水由南蜿蜒远去。

俗话说：鱼儿离不开水，其实人也离不开水。河塘周边世代居住的农民凭山作堤，拦水灌田，借此生息繁衍。蜀墅塘的水养育着岸边的人们，人们离不开这蜀墅塘。

然而水具有双重性。它带给自然界生机，风调雨顺的年景，它就像母亲一样温和，滋润禾苗，哺育生灵。它有时带给大地厄运。大涝之年，洪水肆虐，就像发怒的狂狮，毁坏庄稼，侵吞性命。蜀墅塘周边的人们享受到了它丰年的赐予；同时饱受了灾年的劫难。

至正四年（1341）夏，连日的大暴雨，山洪暴发，河塘水位猛涨，堤坝冲垮，稻田被淹，房屋倒塌，当年农民颗粒无收。水灾给人们带来数不尽的痛苦，许多人没饭吃，无房住。忍饥挨饿，颠沛流离，疾病流行。朱丹溪怜悯农民的疾苦，将蜀墅塘灾区百姓的悲惨境况写成报告，上呈义乌县府。知县（即县长）责令下属办理此事，并命双林巡检张某亲临蜀墅塘了解实情。

就在巡检到来之际，朱丹溪召集那一片的农

民，丈量自种的土地。与大家共同谋划：根据田地的大小派出劳役，兴建水利，重新修筑蜀墅塘堤坝。农民们看朱震享真心为大家图谋利益，皆欣然从之。在他的发起之下向巡检倡议此事者达千人之众，并得到县府的准允与支持。

朱丹溪不辞辛劳，参与堤坝的设计和筹建。大家集思广益，齐心协力，经过3个月的施工，河塘工程告竣，丹溪才如释重负。方圆400公顷水田自此不愁旱季无水灌溉，亦无涝年水淹田毁之忧。

堤坝外形壮观，西垂面凿石砌成斗门，视不同年份水之溢干时蓄时泄。斗门，实际上相当于现代所说的闸门。斗门之上架有杠杆以便开合。堤中尚修3个排列有序的坚石洞穴以助蓄水泄水，从而保证水于百姓有利而无害。

堤坝修筑告成，朱丹溪在家乡父老的心中也筑起了一座丰碑。为了表示对朱丹溪的无私奉献的高度赞赏，族中老人朱仁杰等联合邀请出自金华的当时大文豪宋濂撰文以表纪念，使朱丹溪的义不因岁月长久而淡忘。这就是宋濂文集中"蜀墅塘记"的由来。今天人们重新读起它，仍然禁不住为朱丹溪的高尚品德怦然心动。我们这个时代仍然需要奉献精神，朱丹溪留给后人的宝贵财富可见其不仅仅在于医学方面的成果。

朱丹溪在义乌百姓眼里既医术高超，更兼德高望重。宋濂"故丹溪先生朱公石表辞"中的一句话给我们提示："县令长或问狱得失，先生必尽心为之开导。"此话意为："判断纠纷案件，县长有时还请教朱丹溪的意见，朱丹溪每每以仁爱之心来劝导人们。县令为什么会如此重视朱丹溪的意见呢，实乃民望所归。"

东阳郭氏父子三人仗着人多欺凌弱小者，辱虐殴打一男子几乎毙命，且逼那人吞针至腹。此案义乌县衙府受理，衙府视其情节严重，行径恶劣，欲断郭家儿子与父亲死刑。

官吏请教朱丹溪对此案有何见解。朱丹溪坦诚地说："根据郭氏犯罪行为，属故意杀人。杀人者当偿命，所以郭父判极刑毫无疑义。但郭家之子系听从父亲指令，宜酌情减轻刑罚。若二人皆杀之，则有些过重了。"

县令觉得朱丹溪言之合情合理，采纳了他的建议。严惩行恶的罪犯以平民愤，也体现了执法者公正允安。人命关天，审慎从事，量罪制裁，而不是简单贸然下结论，从而避免一起判刑过重的冤案发生。

还有一例民事纠纷案，在朱丹溪协调下得到妥善解决。

张甲在小路上行走，恰巧李乙肩挑器物从此经过，尖锐的器物差点扎中张甲的眼睛。张甲一时冲动，挥舞拳头大打出手。李乙肩荷重物，躲闪不及，张甲一拳击中李乙的耳朵要害部位，随着一声惨叫，李乙应声倒下，再也没有起来。

张甲、李乙二人皆属贫穷人家，张甲上有逾90岁的老母亲。朱丹溪十分同情两家的遭遇，对当事二人深表惋惜。他瞻前思后考虑半天，提出了一个较为周全的处理办法。

他对县衙府使者说："赦免张甲的罪行等于

废除刑律，法理不容。依法追究的话，张甲伤害一条人命，本该偿命伏法。然而90岁老母以后无人抚养，亦即断了老人的活路。李乙暴尸路旁，谁来收拾？不如判处张甲为李乙料理后事，让他回家安顿老人，再来监狱服刑，免他一死。"

使者心存疑虑，说："张甲若趁此机会逃跑，咱们可就无可奈何呀！"

朱丹溪回答："以张甲的人品，只要我们以诚相待，他必定接受监禁。"

使者带着朱丹溪的意见回到县府。县府按照朱丹溪的意见判处张甲。张甲果然感恩，自觉伏法。

朱丹溪一贯以为百姓解难为己任，不计较得失。当地的一些官吏摄于朱丹溪在民众中间的崇高威望，对他的话也不得不听。

一个县官迷信鬼神，灾荒年头打算修造岱宗祠，准备向百姓摊派集资。县官惧怕朱丹溪抵制，遂来试探他。县官先声夺人，企图以恐吓威胁迫使朱丹溪不起来反对，他打着岳神的旗号要挟说："人的生命都掌握在岳神的手里，我现在要为它建造一座宫殿，谁敢违抗此令？"言下之意：神命大似天，你还敢违逆？

他从容回答："我是一个医生，已受命于天挽救病人的生命，还有什么必要求拜泥塑偶像呢？"

接着，朱丹溪话锋一变，转向县官："岳神本无知，倘使它能懂得人间甘苦的话，值此庄稼歉收的岁月，民众食糠都不够填饱肚子，最好的祭神办法，就是赈灾济民。"

县官闻得朱丹溪一番铿锵有力之言，张口结舌，说不出话来，修祠庙一事只好作罢了。

义乌县大夫一次借下乡劝耕之机想搜刮民财，大捞一把。劝耕即督查官田耕种情况。实际上官吏下乡只是打着这个幌子来中饱私囊。朱丹溪得知这个消息后，担心县大夫进村，乡亲得罪不起官吏，还得违心赠送财物给他。于是顾不上更衣修容，急忙赶往大路旁截迎县大夫。

县大夫看见他有点儿奇怪地问："先生在此

等候，有何要事？"

朱丹溪回答："大夫下乡来督查工作，为民理应以礼相迎。"

县大夫又说："劝耕之事妥乎？"

朱丹溪机智应答："私人的田地不用烦劳官府来劝。但是公田现在都长满了青草。"当时由于官田收缴赋税特别重，很多地方种户都弃田不种，逃往他乡了。朱丹溪以此为理由搪塞这位贪婪的县大夫。

贪官一听，觉得进村没什么油水可捞，也不再提劝耕之事，与朱丹溪寒暄几句，转身打道回府。

朱丹溪就是这样一次次出面维护平民百姓的利益。一生不追求富贵奢侈，甘居淡泊。平时穿的是粗布宽衣，能遮体御寒就行，常吃的是粗茶淡饭，取其裹腹不饥则可。他身为百姓的良医，因此也受到百姓的拥戴。

源远流长

　　朱丹溪学贯医儒。前述知他早年从学于理学大家许谦麾下，许谦为宋朝理学名师朱熹的四传弟子，朱丹溪为许谦之得意高足。后习医，投师罗知悌。罗氏系金元时期北方杰出医大家刘河间的再传门人，有感到朱氏求学至诚，悉传其技。朱丹溪可谓学有渊源，饱承师教。虽然老师们在各自领域卓建成就，朱丹溪也得到了他们的真传，但朱丹溪并没有满足于咀嚼前贤种下的现成果实，而是勤于钻研，勇于探索，善于思考，广泛实践，以前人为基础，进一步创新，建立起具有划时代意义的理论学说（如"阳常有余阴常不足论"、"相火论"，体现于治疗上的"滋阴降火"及有关气、血、痰、郁等杂病辨证施治的法则与方药）。他的理论一经问世，传遍大江南北，得到当时及后世医家的赞同，翕然从之者无以计数。朱丹溪的家门前更是往来繁忙，求医拜师者络绎不绝，涌现出一批品学兼优的弟子，也给人们留下了一段段师生情谊的佳话。

浦江九灵山戴士垚的母亲患病久治不愈，戴氏家境不错，不惜花钱遍请周围的名医。银钱花费数以万计，所请的名医也不在少数。但医生开的药饵多是附子、灵砂之类的辛燥、金石重坠之品。老夫人服用之后，病情日益加剧。后来遇到朱丹溪，始知以前用药完全错了。然而积重难返，老夫人病体年老衰竭，最终未能痊愈而去。

母亲未得到正确及时的治疗而逝，士垚痛心疾首，感到莫大的愧疚。于是发愤学医，他率领两个儿子思恭、思温同拜朱丹溪为师。不幸士垚英年早逝，而他的儿子思恭子承父志，脱颖而出，以医名著称于世。宋濂在其文集中写道："先生（指朱丹溪）之弟子虽众，得其真切者，惟仲积（士垚字仲积）父子为优。仲积不幸早逝，原礼（思恭字原礼）以其学行于浙之西。"

戴氏父子三人是在朱丹溪高超医术感召下从医的，其影响力可以想见。戴思恭凭借自身的才智敏慧与努力实践，从游于朱丹溪先生，将其学识传承下来。丹溪学说由此得以继承，发展与完善。就像家乡的溪水，有源而来，溪溪汇融，奔向远方。

戴思恭，字原礼，生于儒家。学医之前习闻诗礼之训。早年即有志于天下。他与父亲及兄弟受业于朱丹溪时刚好20岁。为了求学，他从家乡浦江徒步行至义乌。朱丹溪不慢待自己的学生，更注重弟子的才华。戴思恭敏悟过人，深得先生的倾心。学生用心也笃，先生传授也真，思恭终于出类拔萃，没辜负老师的希望。思恭跟朱丹溪前后20余年，世人皆以他为朱丹溪高第弟子，是其学术传人。

戴思恭著作较多，有《推求师意》、《证治要诀》、《证治要诀类方》及校补《证治要诀》，《金匮钩玄》也是总结朱丹溪学验之作。

思恭在朱丹溪"相火论"、"阳常有余阴常不足论"的基础上，对气、血，生理、病理进行深入研究，阐述了气火失常及阴血匮乏的机制和病变，有补于丹溪学术，且不乏独到之见，对后世气血理论发展产生一定影响。朱丹溪在临床擅用滋阴降火之法，后世医家学而不得法者往往矫枉过正，执用寒凉药物，形成另一种流弊。戴氏得师真传，又兼采其他各家之长，用药取法圆融，不偏寒凉，与株守丹溪门庭者确有高下之别。

戴思恭学成之后，医名远播。作为名医，他常被召至南京，在南京城他注意到有一位医家总是户前病人盈门，酬应不暇。他心生好奇，便不露身份前往堂中观察，见诊所按分发药，与别处没有两样，他心中的疑惑不得其解，以后又去了几趟，偶尔碰见一病人取药出来，即追上前询问看病抓药有何特殊，那人答曰：大夫嘱咐临煎药时，放入一块锡。戴思恭大为惊讶：从来未闻此说。于是上门讨教，医家告诉他此出自古方。思恭找来原书仔细核查。不查不要紧，一查吓一跳。原来医家误将"饧"字认作"锡"。饧，糖之意。锡若长期服用可致中毒。一字之差，天壤之别，思恭未作迟疑，急往那医生家予以纠正。

明洪武年间，戴思恭被朝廷征为御医。受到太祖皇上的厚爱。当时燕王得瘕疾，太祖派思恭去医治。思恭问及燕王以往病史，发觉应用的药物皆正确无误，为什么不见疗效呢？于是又问燕王平时有何嗜好，燕王回答："平日爱吃生芹菜。"思恭醒悟过来，我明白了。燕王腹中有寄生虫，故改嗜辛香之僻。思恭投下一剂驱虫药，果然夜里暴注下池，排出很多虫子。从此燕王之疾顿然消失。

晋王忠重病，经过思恭的治疗症状消除。过后不久，晋王病情复发而卒。太祖因而动怒将王府众医逮捕准备处置。思恭闻讯，向太祖进言："臣以前奉命为晋王治病，晋王即告曰'此病虽暂时得缓，但毒在膏肓，再发作就无法挽救'。此事后果晋王惠预料在先。"听了思恭的奏禀，太祖未继续追究大家的责任，众医免于一死，洪武三十一年（1398）太祖生病，医官因治疗效果不佳均被治罪。唯一思恭例外。太祖召他至病榻前说："汝为仁义之人。"太祖驾崩，太孙继位，提升思恭为太医院判。

戴思恭无论在朝延抑或民间，他的医术都得到交口称赞。无怪乎《明史·方技传》评价他："无愧其师。"

戴思恭的弟弟戴思温同为朱丹溪弟子，《浦江县志》记载他行医于吴楚、淮阳、齐鲁等地。他与公卿往来甚多，但医名却较其兄相去有距。

赵氏兄弟也是朱丹溪学生中的佼佼者，哥哥赵良本，弟弟赵良仁。赵氏兄弟与戴氏父子先后拜朱丹溪为师。赵良本，人称太初子。他不仅从朱丹溪那里学到许多治疗疾病的本领，在老师潜移默化熏陶下，淡泊名利，对贫困病人尤为同情。穷人求医，多免费看病赠药。朝中监察御史鉴于他精通医学，举荐他做官，太初子笑而推辞不就。

赵良仁与其兄自幼习儒，年轻时就做过官，后弃而从医。《苏州府志》载他："治疗多奇效，名动浙东西。"撰有《医学宗旨》、《丹溪药要》、《金匮方衍义》等医著。前两种未见传世，《金匮方衍义》亦未刻印。后来清代医家周扬俊得此书抄本，在原书基础上进行补注，名《金匮玉函经二注》。此书作为学习中医，研究古医籍《金匮要略》的重要读本广为流传至今。

朱丹溪众多弟子中另一位出众者名王履。王履少年即通诗文画艺，擅画山水，笔墨秀劲，布置茂密。后就学于朱丹溪，在医学领域研究有得。

洪武十六年（1383）秋，王履采药来到关陕一带，途经华山，他被大自然壮美景色所吸引，不畏艰险，登临西岳三峰绝顶，饱览山川丘壑的奇异风光。经过悉心构思，前后花费半年多的时间，完成了《华山图册》，以亲身经历和感受绘出了华岳雄伟奇秀的气势，备受世人珍视。在《华山图册·自序》中，他归纳自己的创作方法："吾师心，心师目，目师华山。"承认客观现实是山水画的本原。以此观点贯穿于医学，则谓"读者当活法勿拘泥"。主张不泥古，不盲从，以临证实践为准则。王氏不尚高谈阔论，却能把前人的精义从平易中阐发出来，他唯一的传世医著《医经溯洄集》对明清时期医学理论发展产生了很大的积极影响。

朱丹溪不仅培养了一大批入室弟子，后世很多医家虽与朱丹溪没有生活在同一时代，不曾有机会亲身体验朱丹溪的教诲，但他们在学术上对朱丹溪推崇备至，认定先师非朱氏莫属。他们完全继承朱氏理论学说，或有所发挥，言朱氏未竟之言。

明代医家王纶就属其中一位。王纶，浙江慈谿人，幼年攻举子业，因父亲与兄长多疾，乡间医生屡治罔效，故遵父训，钻研医学。他一生为朝廷做官，同时一面为民治病。在医学上他主张"杂病用丹溪"，各种杂症的治疗都遵从朱丹溪的有关观点。他撰写的《明医杂著》是那个时期一部颇为重要的中医著作。他的医术亦远近闻名。

王纶曾治一壮年男子，忽然暴病如中风状，口不能言语，目不识人，四肢瘫痪不能动弹。请来的医生用了治疗中风症的苏合香丸，结果不效。王纶刚巧从此路过，听说病人的情况，得知患者陪客吃饭，食后突发此症。于是教病人亲友煎生姜淡盐汤，饮后双手探入口中催吐，病人呕吐了数碗胃内容物后方苏醒过来。大家非常感谢王纶治病救人之举，赞叹说：真是庸医手下命难保，良医救人效如神。

汪机与王纶一样，也是明代著名医家，安徽祁门人，居祈门之石山，也称汪石山。在父亲鼓励之下，石山致力于医学，殚精竭虑，研究历代医家诸书，且验之临床，医术日益长进，一举治愈了母亲10余年不治的头痛呕吐症。随着医疗经验日积月累，石山闻名遐迩。

汪石山在研究历代医家著作过程中，首重朱丹溪的理论学说。他曾校订戴思恭的《推求师意》，由戴思恭上溯朱丹溪，探微求奥，发挥良多，故有"广丹溪之志者原礼也，广原礼之志者惟石山"之谓。虽然学宗丹溪，但也又不局限于此，综合名家理论学说的长处，尤其重视人体脾胃元气，擅长运用人参、黄芪，形成自己独特的学术观点与临床治验。从下面的医案可见一斑。

一儿童年方11岁，平素面色苍白，神倦疲乏，7月暑天发热数日，孩子的父亲怕耽误学业，令他带病上学，结果病情加重。高热头痛，上吐下泻，饮食不进。父亲粗通医道，给他吃了一些药，吐泻慢慢止住了。但是孩子依旧发热，眼闭口合，说不出话来，时常昏蒙不省人事，粥饮难以下咽。父亲找到汪石山求治，石山察脉观色，断定病情症结在于脾胃，给予相应的治疗。孩子的父亲看过石山开的处方，对其中附子一药产生疑虑，问道："时值酷暑而用附子当否？"石山毫不犹豫地说："此方非附子无速效。"孩子的病很重，父亲虽觉医生用药有些风险，仍是照其意见办。药物服下后，父亲一直守在病床边观察，以防意外。几个时辰过去了，孩子渐渐清醒，热度慢慢下降，病情苏缓过来。父亲高兴地向石山报告这个好消息："孩子得以生还，是您救了他。遇见您这么高明的医生，真是万幸。"附子是一味辛热性猛之药，而且当时正值炎热夏季，一般的医生是决然不会大着胆子用附子的。因为若误投此药，将导致不可挽回的严重后果。汪石山敢于在此时应用附子配方，实非高手弗能为也。

世界五千年科技故事丛书

世界五千年科技故事丛书